UNION CENTRALE

DES

ARTS DÉCORATIFS

EXPOSITION RÉTROSPECTIVE DE 1882

UNION CENTRALE

DES

ARTS DÉCORATIFS

EXPOSITION RÉTROSPECTIVE DE 1882

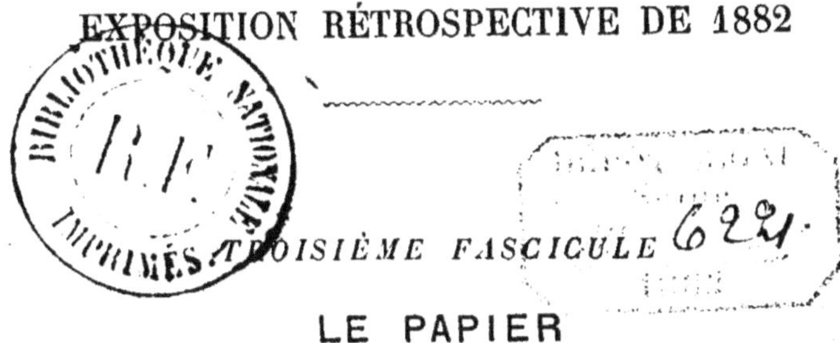

TROISIÈME FASCICULE

LE PAPIER

PARIS

A. QUANTIN, IMPRIMEUR-ÉDITEUR

7, RUE SAINT-BENOIT

1882

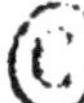

LE PAPIER

ESTAMPES ET DESSINS

ARCHIVES NATIONALES.

1. — Un cadre renfermant sept sceaux de Louis VI dit le Gros, et de Louis X, dit le Hutin.

ARTS DÉCORATIFS (Musée des).

MINIATURES FRANÇAISES.

2. — Un cadre contenant trois petites miniatures à scènes religieuses, avec encadrements de fleurs, oiseaux et insectes sur fond d'or. XVᵉ siècle.

3. — Un cadre contenant six lettres, un feuillet avec sainte Véronique, et une miniature sur fond noir, représentant un miracle du Christ. XVᵉ siècle.

4. — Un cadre contenant six lettres et un ornement de marge. XVᵉ et XVIᵉ siècles.

5. — Un cadre contenant quinze grandes lettres du XVIᵉ siècle.

6. — Un cadre contenant vingt et une lettres du XVIᵉ siècle.

7. — Un cadre contenant quatorze lettres du XVIᵉ siècle.

MINIATURES ITALIENNES.

8. — Un cadre contenant trente-cinq lettres italiennes de diverses époques.

9. — Un cadre contenant un feuillet d'antiphonaire avec miniatures et encadrements. XVᵉ siècle.

10. — Un cadre contenant trois feuillets de manuscrits des xve et xvie siècles.

11. — Un cadre contenant sept lettres du xvie siècle, et une miniature ovale représentant un saint du xve siècle.

12. — Un cadre contenant un grand diplôme vénitien du xvie siècle.

13. — Un cadre contenant deux costumes du xviie siècle, avec bordures de fleurs.

MANUSCRITS ESPAGNOLS.

14. — Un cadre contenant neuf lettres.

15. — Un cadre contenant treize lettres.

16. — Un cadre contenant six lettres manuscrites et vingt-quatre lettres obtenues avec des timbres provenant du même manuscrit.

DIVERS.

17. — Un cadre contenant six miniatures indiennes.

18. — Un cadre contenant quatre miniatures indiennes.

19. — Un cadre contenant une miniature chinoise.

20. — Un cadre contenant un dessin de cuisine du xvie siècle avec meubles.

21. — Un cadre contenant trois dessins, dont un est un modèle de support en bois pour vase. xviie siècle.

22. — Un cadre contenant trois dessins, dont un est un modèle de console en bois. xviie siècle.

23. — Un cadre contenant deux dessins pour table et pour cadre en bois. xviie siècle.

24. — Un cadre contenant un dessin pour étoffe. Signé : Lajoue.

25. — Un cadre contenant un dessin pour canapé et panneau de salon Louis XV ; il porte deux signatures.

26. — Un cadre contenant trois dessins de table Louis XV.

27. — Un cadre contenant trois dessins de table Louis XVI.

28. — Un petit volume reliure rouge, manuscrit persan avec miniature.

M. AUDEOUD

Suite de quarante gravures imprimées en couleur de la fin du xviiie siècle.

École française.

JANINET.

29. — La Folie (1777).
30. — L'Amour (1777).
31. — Portrait de Marie-Antoinette.
32. — L'Indiscrétion (1787).
33. — L'Aveu difficile (1787).
34. — Mme Dugazon, rôle de Nina (1787).
35. — Offrande à l'Amour.

DEBUCOURT

36. — Les Deux baisers (1786).
37. — Le Jardin du Palais-Royal (1787).
38. — La Galerie du Palais-Royal (1787).
39. — L'Escalade ou les Adieux du matin (1787).
40. — Heur et malheur (1787).
41. — Le Compliment (1787).
42. — Les Bouquets (1788).
43. — Le Menuet de la mariée (1788).
44. — La noce au château (1788).
45. — La Main (1788).
46. — La Rose (1788).
47. — Annette et Lubin (1789.)
48. — Jouis, tendre mère.
49. — Calendrier de 1791.
50. — La Promenade publique (1792).
51. — La Rose mal défendue.
52. — La Croisée.

BONNET.

53. — Le Premier pas à la fortune.
54. — L'Auteur favorisé.
55. — Le Déjeuner.
56. — Le Dîner.
57. — Le Goûter.
58. — Le Souper.

DESCOURTIS.

59. — La Foire de village.
60. — La Noce de village.
61. — Le Tambourin.
62. — La Rixe.

63. — Les Amants surpris.
64. — Les Espiègles.

VERNET.

65. — La Danse des chiens.

LECŒUR.

66. — L'Oiseau privé.

RUOTTE.

67. — Marie-Antoinette en laitière.

SERGENT MARCEAU.

68. — Portrait de Marceau.

M. Germain **BAPST.**

GRÉGOIRE HURET.

69. — Le grand Condé.

PAUQUET.

70. — La revue du premier consul, d'après Isabey et Carle Vernet.

Épreuve à l'eau-forte.

A. GIRARDET.

71. — Le champ de mai.

Épreuve à l'eau-forte et épreuve terminée avant la lettre.

M. **BÉGIS.**

72. — Deux invitations de bal à Versailles, par Ch. Nic. Cochin.

M. A. **BEURDELEY.**

(ESTAMPES.)

73. — ÉTIENNE DELAUNE. Un sifflet.
74. — RENÉ BOYVIN. Livre de bijouterie.
75. — AND. SCHIAVONE. Cartouche.

76. — HANS SIEBMACHER. Livre de dentelles.

77. — INCONNU. Livre de dentelles.

78. — HENRI VOGHTHER. Chapiteaux.

79. — PARASOLE. Livre de dentelles.

80. — MONOGRAMME H. P. Dessin d'arquebuserie.

81. — DUCERCEAU. Dessins de nielles.

82. — JOH. HANIAS. Bijoux (1670).

83. — HENRICH RENBAGE. Bijoux. XVII siècle.

84. — INCONNU. Ornements sur fond blanc.

85. — VALENTIN SEZENIUS. Ornements sur fond blanc (1626).

86. — DANIEL MIGNOT. Ornements sur fond blanc (1593).

87. — NICOLAS DRUSSE. Ornements sur fond blanc (1607).

88. — BAPTISTE CONSTANTIN. Ornements sur fond blanc.

89. — PIERRE WOEIRIOT. Ceinturon et poignées d'épées, 2 planches.

90. — NICOLETTO DE MODÈNE. Panneau d'ornements.

91. — THÉODORE DE BRY. Gardes et pommeaux d'épée.

92. — COLLAERT. Bijoux (1581).

93. — CRISPIN DE PASSE. L'Amérique.

94. — DUCERCEAU. Livre de Cariatides.

95. — HENDERICKS. Ornements de bijouterie (1664).

96. — JOANNES LECLERC. Ornements d'orfèvrerie (1618).

97. — BRICEAU. Ornements d'orfèvrerie (1709).

98. — MARIE BLONDEL. Vases.

99. — CL. GILLOT. Dessins de tapisserie.

100. — BERAIN. Livre de serrurerie.

101. — JOULLAIN. Suite de plafonds.

102. — PIERRE GAUTHIER. Livre de serrurerie (1685).

103. — DE LA LONDE. Voitures.

104. — RANSON. Livre d'encadrements et bordures.

105. — DUGOURE. Arabesques (1782).

DESSINS.

106. — Recueil de dessins à l'aquarelle de l'époque de Louis XVI, ouvert à la page représentant la lanterne du Petit-Trianon.

107. — Recueil de dessins à la plume de l'époque de Louis XVI, ouvert à la page représentant des projets de meubles.

108.—INCONNU. Époque Louis XVI, vase dessin à l'encre de Chine.

109. — CLODION. Frise représentant une bacchanale.

110. — INCONNU. Panneau d'ornement, XVIIIe siècle.

111. — INCONNU. — Époque Louis XVI, dessin pour décorer une porcelaine.

112. — INCONNU. Époque Louis XVI, décoration d'appartement.

113. — INCONNU. Époque Louis XVI, projet de trois tables.

114. — INCONNU. Vignette, serment d'amour, XVIIIe siècle.|

115. — INCONNU. Régence, élévation du vestibule du château de Petit-Bourg.

116. — CL. GILLOT. Deux panneaux d'ornement.

117. — PRIEUR. Un panneau d'ornement.

118. — CL. GILLOT. Plafond.

119. — INCONNU. Décoration d'intérieur, deux aquarelles, XVIIIe siècle.

120. — INCONNU. Époque Louis XVI, recueil de frises.

121. — INCONNU. Recueil de dessins, de meubles et bronzes de l'époque de Louis XVI, ouvert à la page figurant la grande commode de Fontainebleau estampillée de Beneman.

122. — INCONNU. Époque Louis XVI, trophée, aquarelle.

123. — OPPENORT. Deux tombeaux.

124. — DELAFOSSE. Salle de concert.

125. — JEAN LEPAUTRE. Frise, dessin à la plume.

126. — INCONNU. Dessin d'architecture. XVIe siècle.

127. — INCONNU. Dessin d'architecture, commencement du XVIIe siècle.

128. — INCONNU. Époque Louis XVI, deux panneaux d'ornement.

129. — Dix-huit dessins de G. de Saint-Aubin, vignettes.

130. — INCONNU. Cassolette. XVIe siècle.

131. — JEAN GOUJON. Architecture et figures.

132. — DUCERCEAU. Meubles.

133. — DUCERCEAU. Grands temples.

134. — GERMAIN PILON. Fontaine.

135. — INCONNU. Dessin d'étoffe. XVIe siècle.

136. — INCONNU. Deux panneaux d'ornement. XVIe siècle.

137. — INCONNU. Galère. XVIe siècle.

138. — INCONNU. Époque Louis XVI, torchère.

139. — LEBRUN. Panneau décoratif avec cartouche aux armes de Fouquet.

140. — LEBRUN. Fontaine.

141. — ANNIBAL CARRACHE. Dessin d'architecture, cartouche.

142. — HUBERT ROBERT. Château de Blois, aquarelle.

143. — CL. GILLOT. Panneau d'ornement, arabesques.

144. — BOULLE. Projet de meuble et miroir, sanguine.

145. — LEMOYNE. Projet de plafond.

146. — BERAIN. Montant d'ornement, cheminée.

147. — OPPENORT. Vase.

148. — OPPENORT. Deux projets d'ostensoirs.

149. — INCONNU. Époque Régence, deux projets de régulateurs.

150. — DELAFOSSE. Trophée et encadrement.

151. — BERNARD PICART. Panneau d'ornement, deux cartouches.

152. — CAFFIÉRI. Trépied.

153. — OPPENORT. Tombeau de Fénelon, archevêque de Cambrai.

154. — DELAFOSSE. Cassolette et vase.

155. — CL. GILLOT. Clavecin, plafond, deux panneaux d'ornement arabesques.

156. — CL. GILLOT. Deux panneaux d'ornement arabesques.

157. — DELAFOSSE. Ornement avec coquille et fleurs.

158. — OPPENORT. Cartel, baromètre, cheminée, projet d'architecture.

159. — MEISSONNIER. Décoration d'intérieur, aquarelle.

160. — DELAFOSSE. Ciboire, trophée, flambeau.

161. — INCONNU. Salle de banquet, XVIIIe siècle.

162. — DELAFOSSE. Voiture de triomphe.

163. — LAJOUE. Dessin d'architecture.

164. — PETITOT. Fontaine.

165. — CAUVET. Porte de bois sculpté.

166. — PRIEUR. Montant d'ornement.

167. — DE WAILLY. Plafond.

168. — J.-B. HUET. Dessin d'architecture.

169. — DUPLESSIS. Vase.

170. — PRIEUR. Pendule, deux panneaux d'ornement.

171. — DELAFOSSE. Décor d'opéra.

172. — SALEMBIER. Panneau d'ornement à l'aquarelle.

173. — COTELLE. Candélabre pour l'église cathédrale d'Orléans (1761).

174. — OPPENORT. Presse, sanguine.

175. — CLODION. Tête de Satyre, sanguine.

176. — CAUVET. Deux panneaux d'ornement.

177. — LALONDE. Encadrement de glace.

178. — SALY. Huit vases à la plume.

179. — TARAVAL. Arc de triomphe, aquarelle.

180. — INCONNU. Époque Louis XVI, frise.

181. — J.-B. HUET. Trois montants d'ornements à la sanguine.

182. — BERAIN. Figure de ballet, aquarelle.

183. — PRIEUR. Vase, deux projets de plafond, deux panneaux d'ornement, deux vignettes à l'aquarelle. XVIIIe siècle.

184. — PILLEMENT. Deux dessins à la mine de plomb.

185. — GABRIEL DE SAINT-AUBIN. Scène de théâtre.

186. — LA RUE. Deux groupes d'enfants.

187. — MOREAU (le jeune). Vignette.

188. — Deux vignettes à l'aquarelle, XVIIIe siècle.

189. — MARILLIER, 1774. Fleuron pour les œuvres de d'Arnaud, dessin à la sépia.

190. — INCONNU. Époque régence, projet de pendule.
191. — INCONNU. Projet de plafond. XVIIe siècle.
192. — GILLOT. Panneau d'arabesques.

M. BÉZIÉS.

193. — *La Vengeance de Cérès*, par Copia, d'après P.-P. Prudhon.

M. Louis BIHN.

CHASTILLON (Claude).

194. — Le titre avant la lettre, pour la « Topographie françoise »,
Paris, 1641. Gravé par Léonard Gaultier.
195. — Le grand college roial.
196. — Reims, ville tres-antienne.

SILVESTRE (Israël).

197. — Veuë de l'Hostel de Ville de Paris.
198. — Le grand Chastelet de Paris.
199. — La Bastille.
200. — Profil de la ville de Paris.
201. — Veuë de l'église des Bons-Hommes.
202. — Nostre-Dame-des-Vertus.

JANINET.

203. — Hôtel de l'Hôpital.
204. — La place Dauphine.
205. — Vue du portail de Notre-Dame.

CAMPION.

206. — Maison de M. Demonville.
207. — Vue de la nouvelle barrière du Trône.

208. — Portrait de la comtesse du Barry, d'après Drouais.
209. — Portrait de la marquise de Pompadour, d'après C. Vanloo.
210. — Portrait de Mlle Contat, d'après Coutellier.
211. — Portrait de Marie-Antoinette, peint par Le Clerc.

212. — Portrait de Mlle Crétu, d'après Pallière.

213. — Portrait de Mme Julien.

214. — Portrait de Mlle Dutey, gravé par Le Beau.

215. — Portrait de la duchesse de Polignac, par le comte de Paroy.

216. — Portrait de Marie-Joséphine-Louise de Savoye, Madame, d'après Drouais.

217. — Portrait d'Anne-Henriette de France, d'après Liotard.

218. — Portrait de Mme de Maintenon, d'après Petitot, gravé par Mercurj.

219. — Portrait d'Élisabeth-Philippine de France, d'après Mme Guiard.

220. — Portrait de Mlle Levasseur, par Pruneau.

221. — Portrait de Mme du Gazon.

222. — Portrait de Mlle Maillard.

223. — Portrait de la comtesse du Barry, par Lebeau, d'après Drouais.

224. — Portrait de Jeanne d'Arc, par A. de Marcenay.

225. — Portrait de Louise-Marie-Thérèse d'Orléans, gravé par Le Beau d'après Le Noir.

226. — Portrait d'Hortense Mancini, duchesse de Mazarin, d'après P. Lely.

227. — Costumes de mode de la fin du xviiie siècle.

228. — Costumes militaires de 1816.

229. — Coiffures du xviiie siècle, par Chodowiecky.

ABR. BOSSE.

230. — Le jardin de la noblesse françoise. Costumes du xviie siècle.

HENRI GÖLTZIUS.

231. — Hallebardier sous Louis XIII.

232. — Carte de visite de la comtesse de Rochechouart.

233. — Carte d'adresse de Henry, tailleur à Paris.

234. — Carte de visite du prince Guillaume V.

235. — Quittance de terme de Nadaud, à Paris.

236. — Carte d'adresse de Verstraete-Delannoy, à Lille.
237. — Carte de François Fajot, coutelier à Paris.
238. — Carte de Oblin, graveur à Paris.
239. — Carte de Sergent fils, graveur à Paris.
240. — Facture de Vaugeois, bijoutier à Paris.
241. — Carte d'adresse de Lemoyne, confiseur à Paris.
242. — Carte d'une maison turque. XVIIIe siècle.
243. — Carte de N. de Fer, géographe à Paris.
244. — Modèles de médaillons et de boutons.
245. — Carte d'adresse de Morée, orfèvre à Paris.
246. — Ornements, par Meissonnier.

ÉTIENNE DELAUNE.

247. — Modèles de bijouterie.

VIRGILE SOLIS.

248. — Modèles de bijouterie.

THÉODORE DE BRY.

249. — Armoiries.

HENRI ALDEGREVER.

250. — Modèles de bijouterie.
251. — Sophonisbe (1553).
252. — Son portrait à l'âge de trente-cinq ans.
253. — Léda (1555).
254. — Alphabet.

ALBERT DURER.

255. — Le petit cheval.

HUET.

256. — Offrande à l'Espérance.
257. — Offrande à l'Amitié.

BENAZECH.

258. — Le prix de l'agriculture.

LE CŒUR.

259. — Quatre médaillons.

DUCLOS.

260. — L'École française pour les demoiselles.
261. — Les vignettes du calendrier de Gotha (1776).

NIC. LAWREINCE.

262. — L'heureux moment.

M. Jules CARRÉ.

263. — Grand alphabet, par Théodore de Bry.

264. — Petit alphabet, par Théodore de Bry.

265. — Das ander Theil der Schreiblunft, Nuremberg, 1601, renfermant plusieurs alphabets.

266. — Arte compendiata del bene scrivere, Venise, 1664.

267. — Nouvel *a, b, c.* Antwerpen, 67, Hieronymus Verdussen.

268. — Opera di frate Vespasiano Amphiares da Ferrara. Venise, 1565.

269. — Screib Kunst. Nuremberg, xvii° siècle.

270. — Trois cents traits calligraphiques, par Jean Christophe Albrecht, calligraphe. Nuremberg, xvii° siècle.

271. — Alphabet, par Mitelli. Bologne, 1683.

272. — Alphabet de Mauro Poggi, xvii° siècle.

273. — Alphabets de Jean-Christophe Albrecht, calligraphe. Nuremberg, xvii° siècle.

274. — Ai dilettanti delle Bell' Arti, par G. B. Betti, 1725.

275. — Alphabet de Lucas Kilian. Augsbourg, 1627.

276. — Essai d'une nouvelle typographie avec fleurons dessinés par L. Luce. Paris, Barbou, 1771.

277. — Alphabets de Beauchène. Lyon.

278. — Portrait de Richard Steele, par Et. Ficquet.

279. — Portrait de Boccace, dessin par Gravelot dans un cadre de bois sculpté.

280. — Cent quatre-vingt-neuf titres de livres des xv° et xvi° siècles, français, italiens, allemands, anglais, espagnols, dessinés ou gravés par Holbein, Albert Dürer, Josse Amman, Tobie Stimmer, Jean Cousin, Enéas Vico, Pellegrini, etc.

281. — Onze cent quatre-vingt-dix lettres ornées des xv° et xvi° siècles, dessinées ou gravées par Holbein, Albert Dürer, Josse Amman, Tobie Stimmer, Jean Cousin, etc.

282. — Décoration d'appartement, avec cheminée et glace, par Delafosse, encre et lavis.

283. — Console rocaille à deux motifs avec un oiseau et un carquois au bas, encre et lavis, dessin par Chevillet.

284. — Frise avec cadre au milieu et dans lequel se trouve un vase. Dessin par Van Spada, encre et lavis.

285. — Frise avec cadre au milieu, encre et lavis. Dessin de Van Spada.

286. — Décoration d'alcôve avec lit, encre et aquarelle. Dessin par La Londe.

287. — Dessus de porte avec lion, vase et sphinx, à l'encre. Dessin par Oppenort.

288. — Dans le même cadre, petite console rocaille, encre et lavis.

289. — Lit à colonnes et à dôme, encre et lavis relevé de blanc. Dessin par Ranson.

290 — Dans le même cadre, canapé avec carquois aux coins du jond, encre et lavis relevé de blanc. Dessin par Ranson.

291. — Console Louis XIV. Dessin à l'encre par Charles Lepautre.

292. — Console Louis XIV à deux motifs avec tête de femme au milieu, encre et lavis par Charles Lepautre.

293. — Dans le même ordre, console rocaille à deux motifs, encre et lavis.

294. — Lit à la polonaise à deux colonnes supportant le baldaquin, encre et lavis relevé de blanc par Ranson.

295. — Dans le même cadre, un canapé avec traversins et oreillers, encre et lavis relevé de blanc. Dessin par Ranson.

296. — Console avec vase à fleurs au bas, encre et lavis. Dessin par Forty.

297. — Console avec casques et carquois au bas, encre et lavis. Dessin par Forty.

298. — Console avec attributs de musique au bas, encre et lavis. Dessin par Forty.

299. — Décoration de galerie avec cartel et fauteuils à l'encre. Dessin par Chevillet.

300. — Décoration de galerie avec glace et canapé à l'encre. Dessin par Chevillet.

301. — Décoration de galerie avec glace et cheminée à l'encre. Dessin par Chevillet.

302. — Décoration de galerie avec trois fenêtres à l'encre. Dessin par Chevillet.

303. — Porte avec panneaux sculptés, encre et lavis. Dessin par La Londe.

304. — Dans le même cadre, petite console. Dessin à l'encre.

305, 306, 307, 308. — Quatre cadres ornés pour portraits, encre et lavis. Dessins par Nilson.

309. — Femme à cheval, pour le carrousel de Louis XIV, encre et aquarelle. Dessin par Berain.

310, 311, 312, 313. — Quatre cadres ornés pour portraits, encre et lavis. Dessins par Nilson.

314. — Cavalier pour le carrousel de Louis XIV, encre et aquarelle. Dessin par Berain.

315, 316. — Deux tapisseries, encre et aquarelle. Dessins par Humblot.

317. — Trompette pour le carrousel de Louis XIV, encre et aquarelle. Dessin par Berain.

318, 319, 320, 321. — Quatre cadres ornés pour portraits, encre et lavis. Dessins par Nilson.

322. — Cavalier tenant une lance pour le carrousel de Louis XIV, encre et aquarelle. Dessins par Berain.

323, 324, 325, 326. — Quatre cadres ornés pour portraits, encre et lavis. Dessins par Nilson.

327. — Plafond à caissons, encre et coloris. École de Marot.

328. — Console à deux motifs à la pierre d'Italie. Dessin par Chevillet.

329. — Décoration de galerie de chasse, encre, lavis et coloris. Dessin par Pineau.

330. — Meuble avec enfants montés sur des lions, girandoles et pendules, encre, lavis et coloris. Dessin par Pineau.

331. — Glace avec trumeau, encre et lavis. Dessin par Marvye.

332, 333. — Deux tapisseries, la Musique et la Danse, encre et aquarelle. Dessins par Gillot.

334. — Portière de tapisserie, gouache. Dessin par Étienne Dubois père.

335, 336. — Deux portières, la Paix et la Guerre, encre et lavis. Dessins par Berain.

337. — Tapisserie de Neptune. Dessin au crayon rouge par Gillot.

338. — Frédéric le Grand, encre et lavis. Dessin par Nilson.

339. — M. Turpin de Crissé, encre, lavis de bistre et coloris. Dessin par Le Paon.

340. — Mlle Allard de Beauté dans *Énée et Lavinie,* aux deux crayons.

341. — Marie Stuart, encre et aquarelle, portrait du temps.

342. — Portrait d'une Visconti à l'encre. Dessin par Bernardus Campi.

343. — Bordure de manuscrit avec ornements gris et bleu. Vignettes au bas. XVIe siècle.

344. — Bordure de manuscrit avec ornements gris et bleu. Fraises et pervenche. XVIe siècle.

345. — Pygmalion sculptant une figure d'ivoire sur une table. XVe siècle, tiré d'un Aristote.

346. — Lettre B sur fond rouge. XVIe siècle.

347. — Lettre U italienne sur fond bleu. XVIe siècle.

348. — Un père apporte la tête de sa fille. XVe siècle, tiré d'un Aristote.

349. — Trois bordures d'un même manuscrit ayant appartenu à Anne de Bretagne. XVe siècle.

350. — Lettre U avec branche de roses. XVIe siècle.

351. — Lettre M italienne sur fond bleu. XVIe siècle.

352. — Lettre A formée d'ornements sur fond bleu avec fraises. XVIe siècle.

353, 354. — La Pentecôte, — saint Pierre et saint Paul, sur fond d'or. XVe siècle.

355, 356, 357, 358. — Miniatures tirées d'une Bible. XIIe siècle.

359. — L'Ascension. XIVe siècle.

360. — Un abbé à genoux devant la Vierge et l'enfant Jésus. XVIe siècle.

361, 362. — Miniatures tirées d'un calendrier représentant les occupations du mois.

363. — Grandes lettres enlacées formées de fleurs. Dessin à la pierre d'Italie par Gabriel de Saint-Aubin et ayant servi pour son grand alphabet.

364, 365. — Lettres A et V, par Oppenort. Dessin à l'encre.

366. — Lettres formées de fleurs ou de feuillages, encre et lavis, par Piauger.

367. — Lettres allemandes à figure. XVe siècle.

368. — Lettres rocailles entrelacées surmontées d'une couronne. XVIIIe siècle.

369. — Lettres entrelacées formées d'ornements et de fleurs, aquarelle. XVIIIe siècle.

370, 371. — Lettres entrelacées formées de feuillages d'ornement au crayon rouge. Dessins par Salembier.

372, 373, 374. — Lettres rocaille servant de titres à un recueil d'ornements et renfermant le nom de l'artiste. Ornamenti Agostino Colonora, encre et lavis.

375. — Monogramme de Lucas Brunn. L. B. 1614, à l'encre rouge.

376, 377. — Titres de livres, dessins par le chevalier Conca.

378. — Fauteuils au crayon rouge. Dessin par Chevillet.

379, 380, 381. — Table d'angle, deux consoles, encre et lavis. Dessins par Pineau.

382, 383. — Lits à baldaquin, l'un avec dôme, l'autre surmonté d'attributs guerriers, encre et aquarelle. Dessins par La Londe.

384. — Cadre orné soutenu par la Religion, encre et lavis. Dessin par Nilson.

385. — Trône de Louis XVI, encre et lavis. Dessin par Delafosse.

386. — Grande console, encre et lavis. Dessin par Meissonnier.

387. — Quatre motifs de console, sur la même feuille, à l'encre rouge, Dessin par Chevillet.

388. — Glace avec trumeau, encre et lavis. Dessin par Marvye.

389. — Décoration de galerie avec deux portes fenêtres, encre lavis et coloris. Dessin par Cornille.

390. — Console et torchère aux armes de France, encre et lavis. Dessin par Loir.

391. — Glace avec trumeau, à l'encre. Dessin par Marvye.

392. — Console, encre et lavis. Dessin par Meissonnier.

393. — Brouette ornementée, encre. Dessin par Paul de Hove.

394. — Glace avec trumeau, mine de plomb. Dessin par Marvye.

395, 396. — Junot et Jourdan. Dessins par Desrais.

397. — Seize personnages de famille royale. Dessins par Desrais, encre et lavis.

398. — Famille de Louis-Philippe Ier, sur un fond de drapeaux, mine de plomb.

399, 400. — Truguet, Soult, encre et lavis. Dessins par Desrais.

401. — Femme tenant un éventail, encre et lavis. Dessin par Desrais.

402. — Blanchisseuse se reposant sur une borne, encre et lavis. Dessin par Desrais.

403. — Famille de Napoléon Ier, encre et lavis.

404. — Famille de Charles X, encre et lavis.

405, 406. — Dumonceau, Dupont. Dessins par Desrais.

407. — La fille de la blanchisseuse, aquarelle.

408. — Fuite de Paillassse, aquarelle.

409. — Entrée de Louis XVIII à Paris, aquarelle.

410. — Napoléon remettant au Champ de Mars les drapeaux aux représentants des départements en 1815. Dessin par Desrais, encre et lavis.

411. — Personnages religieux du sacre de Napoléon Ier. Dessin par Desrais, encre et lavis.

412. — Personnages du bastringue, encre et lavis. Dessin par Desrais.

413, 414, 415 et 416. — Quatre traîneaux formés de figures et d'animaux, encre et lavis. Dessins par Élisabeth Sirani.

417, 418. — Carrosse rocaille dans lequel se trouve un chef tartare. Encre bistrée. — Deux petits traîneaux, mine de plomb. Dessin par Élisabeth Sirani.

419, 420. — Deux lits à baldaquins, encre et aquarelle. Dessins par La Londe.

421. — Une caisse de carrosse rocaille, mine de plomb.

422. — Motif de glace à trumeau, encre et lavis. Dessin par Babel.

423. — Lit à baldaquin, avec enfants tritons aux angles, encre et lavis. Dessin par Marillier.

424. — Cadre à deux motifs, orné de figures, encre et lavis. Dessin par Lepautre.

425, 426. — Deux trophées avec instruments de musique, à la pierre d'Italie. Dessins par Peyrotte.

427. — Meubles divers, mine de plomb. Dessin par Percier.

428. — Proue de navire, encre et lavis. Dessin par Pierre de Cortone.

429. — Lit de parade dans une alcôve fermée par une galerie, encre et lavis. Dessin par Blondel.

430. — Sorte d'autel à deux motifs, encre et coloris. Dessin par Habermann.

431, 432. — Arbre de la servitude, arbre de la juridiction, dessinés par Paul Véronèse.

433. — Un docteur présentant son livre au pape. 1540, chez Iolande Bonhomme.

434, 435. — L'empereur sur son trône et entouré des électeurs.

436. — Le paradis terrestre, dessiné et gravé par Josse Amman.

437. — Création de la femme. xvıᵉ siècle.

438. — Christ en croix. Chez Roigny.

439. — Christ en croix. xvᵉ siècle.

440, 441. — Visite du médecin. — Autopsie dans une école de médecine. Gravures italiennes, commencement du xvıᵉ siècle.

442. — Création de la femme. xvıᵉ siècle.

443. — Un ange engage le sultan turc à faire don du bras de saint Jean-Baptiste au grand maître de l'ordre. xvᵉ siècle.

444. — Job sur son fumier. xvıᵉ siècle.

445. — Adam et Ève dans le paradis terrestre. xvıᵉ siècle.

446. — Marche de Cérès accompagnée de dieux et de porte-étendards sur lesquels sont inscrits des noms de mois.

447. — L'arbre de Jessé gravé par Maurer.

448. — Cadre orné renfermant la vue de l'amphithéâtre de Vérone tirée d'une cosmographie universelle. xvıᵉ siècle.

449, 450. — L'Annonciation. David, commencement du xvııᵉ siècle.

451, 452. — Une cour de Justice. — Le Paradis céleste et l'Enfer, commencement du xvᵉ siècle.

453. — Quatre autres sujets religieux dans le même cadre que le numéro précédent.

454. — La duchesse d'Angoulême, encre et lavis de bistre. Dessin par Leroy.

455. — Duchesse de Berry, encre et lavis de bistre. Dessin par Leroy.

456. — Six portraits d'actrices à l'aquarelle par Hippolyte Lecomte ou Maleuvre.

457. — Six portraits d'acteurs et d'actrices à l'aquarelle par Hippolyte Lecomte ou Maleuvre.

458. — Costume d'ambassadeur, encre et lavis. Dessin par Desrais.

459. — Toussaint l'Ouverture (?), encre et lavis. Dessin par Desrais.

460. — Les degrés de la vie humaine, encre et lavis. Dessin par Desrais.

461. — Charles X à cheval, encre et lavis. Dessin par A. Devéria.

462. — Louis XVIII en costume de sacre, encre et lavis de bistre. Dessin par Leroy.

463. — Bernadotte, encre et lavis. Dessin par Desrais.

464. — Marmont, encre et lavis. Dessin par Desrais.

465. — La famille de Louis XVIII dans des feuillages de lys, de roses et de lauriers, encre et lavis de bistre. Dessin par Leroy.

466. — La famille de Louis XVIII dans des drapeaux et des feuillages de lauriers, encre et lavis de bistre. Dessin par Leroy.

467. — Commandant des grenadiers à cheval, encre et lavis. Dessin par Desrais.

468. — Maréchal Lefèvre, encre et lavis. Dessin par Monnet.

469. — Huit personnages royaux de 1815, encre et lavis. Dessin par Desrais.

470. — Le charlatan et son public, encre et aquarelle. Dessin par Pasquier.

471. — Hier, Aujourd'hui, Demain; au-dessous : Ce que j'étais, Ce que je suis, Ce que je devrais être, encre et aquarelle. Dessin par Carle Vernet.

472. — Huit mois d'un calendrier. xvie siècle.

473. — Exécution de Robespierre avec explication en lettres formées par des personnages. xviiie siècle.

474. — Congé des gardes du prince de Condé.

475. — Congé des volontaires du corps de Dijon.

476. — Lettre de faire part avec entourage ornementé.

477. — Brevet de garde nationale du département de la Côte-d'Or.

478. — Frédéric-Guillaume III, roi de Prusse, encre et lavis. Dessin par Desrais.

479. — Duc de Berry, encre et lavis de bistre. Dessin par Leroy.

480. — Le comte d'Artois, encre et lavis de bistre. Dessin par Leroy.

481. — Le duc d'Angoulême, encre et lavis de bistre. Dessin par Leroy.

482. L'empereur Alexandre, encre et lavis de bistre. Dessin par Leroy.

483. — Louis XVI et sa famille, figures en silhouettes autour d'un tombeau, le dessin et la gravure.

484. — François II, empereur d'Autriche, encre et lavis.

485. — Le colonel Rapp, encre et lavis. Dessin par Spol, 1822.

486. — Sébastiani, encre et lavis de bistre. Dessin par Desrais.

487. — Le grand archiduc Constantin, encre et lavis. Dessin par Desrais.

488. — Le prince Charles, frère de l'empereur d'Autriche, encre et aquarelle.

489. — Le maréchal Macdonald, encre et aquarelle.

490. — Le lever des ouvrières, encre et coloris. Dessin par Bosio.

491. — L'école de danse, encre et lavis. Dessin par Desrais.

492. — Le déjeuner dans le parc, encre et lavis relevé de gouache. Dessin par Verkolie.

493. — L'Escamoteur, encre et aquarelle. Dessin par Pasquier.

494. — Titre de livre, encre et lavis de bistre. Dessin par Lelio de Mortara.

495. — Titre de livre de mathématiques, encre et lavis.

496. — Dix titres pour éditions d'elzévirs, encre et lavis.

M. Eug. DUTUIT[1]

NIELLES.

MASO FINIGUERRA (attribué à).

497. — L'Adoration des Mages. (Duchesne 34.)

PEREGRINI DA CESENA.

498. — Le triomphe de Mars. (Duchesne 220.)

499. — Une femme avec trois hommes et un satyre. (Duchesne 242.)

500. — Une seconde épreuve du même nielle.

Dans celle-ci la touffe d'herbe qui se voit sur le devant a été augmentée.

501. — Hercule tuant l'hydre. (Duchesne 247.)

502. — Hercule combattant l'hydre. (Duchesne 249.)

503. — Allégorie sur l'abondance. (Duchesne 306.)

504. — Arabesque avec sphinx ailé sonnant de deux trompettes. (Duchesne 356.)

ANONYMES.

505. — La Vierge et l'enfant Jésus. (Duchesne 64.)

506. — Artaxerce recevant la tête de Cyrus. (Duchesne 262.)

507. — Homme renversé par un lion. (Duchesne 283.)

508. — Bustes d'hommes. (Duchesne 338.)

509. — Manche de couteau. (Duchesne 398.)

510. — Saint Roch. (Nielle non décrit. — Cat. Durazzo, n° 2911.)

1. Pour orner la salle consacrée à ses collections, M. Eugène Dutuit a bien voulu prêter les objets d'art suivant :

1. — Vénus debout tenant une pomme à la main, statuette gallo-romaine trouvée à Arles.

2. — Bacchus nu couronné de lierre, bronze florentin provenant de la collection Pourtalès.

3. — Bonus Eventus, statue découverte près d'Annecy, bronze.

4. — Buste d'Antonin le pieux, bronze découvert près d'Annecy.

5. — Buste d'homme à barbe courte, bronze découvert près d'Annecy.

6. — Statue d'Isis, bronze.

7.-8. — Enlèvement de Proserpine et enlèvement d'Orithye par Borée, bronzes du XVIIe siècle, provenant de la collection Oppenheim.

9.-10. — Deux groupes de lutteurs, bronzes du XVIIe siècle.

11.-12. — La nuit et les méditations, terres cuites par Jean Bologne, d'après Michel-Ange.

511. — Cérès. (Nielle non décrit.)

51 2. — Figure de femme debout tenant à la main une banderole sur laquelle on lit: SOLI DEO HONOR. (Nielle non décrit.)

513. — Buste de jeune homme coiffé d'une toque ; sur une banderole placée au-dessus de sa tête on lit: SPES MEA. (Nielle non décrit.)

514. — Buste d'homme vu de profil et coiffé d'un bonnet surmonté d'un dragon ailé. (Nielle non décrit.)

515. — Deux hommes nus soutenant un vase. (Nielle non décrit.)

ÉCOLE ITALIENNE.

ANONYME ITALIEN.

516. — Le frère Marc de Monte Santo Maria in Gallo. (Bartsch t. XIII, p. 88, nº 7.)

ANONYME FLORENTIN DU XVᵉ SIÈCLE.

517. — Cartes de Tarots. (Bartsch, tome XIII, p. 120-138.)

ANONYME FLORENTIN DU XVᵉ SIÈCLE.

518. — La Cène. (Estampe non décrite.)

ANONYME VÉNITIEN.

519. — Cartes à jouer. Sempio. (Passavant, t. V, p. 129, 3.) Bocho (14), Nenbroto (20), Polisena (22.)

JACQUES DE BARBARI, dit le maître au caducée.

520. — Mars, Vénus et l'Amour. (Bartsch, 20.)

SANDRO BOTICELLI.

521. — Judith tenant la tête d'Holopherne. (Bartsch, XIII, p. 147, 13. Passavant, V, p. 37, 80.)

DOMINIQUE CAMPAGNOLA.

522. — La Vierge entourée de saints. (Bartsch, 6.)
523. — Le Berger et le vieux guerrier. (Bartsch, 8.)
524. — Les bergers musiciens. (Bartsch, 9.)

JULES CAMPAGNOLA.

525. — Jésus et la Samaritaine. (Bartsch, 2.)

Augustin Carrache

526. — Portrait de Tiziano Vecelli (Bartsch, 154.)

Épreuve du premier état avant l'inscription dans la partie supérieure de la planche.

JACOPO FRANCIA.

527. — Cléopâtre (Bartsch, 5)

FRA FILIPPO LIPPI (attribué par Passavant à).

528. — La Flagellation. (Passavant, 8.)

529. — Le Crucifiement. (Passavant, 10. — Bartsch, XIII, p. 257, n° 16.)

ANDRÉ MANTEGNA.

530. — La Sépulture. (Bartsch, 2.)

531. — La Vierge dans la grotte. (Bartsch, 9.)

532. — Hercule combattant l'hydre. (Bartsch, 15.)

BENEDETTO MONTAGNA.

533. — La Vierge assise. (Bartsch, 6).

534. — La Vierge dans un paysage. (Bartsch 8.)

535. — L'Enlèvement d'Europe. (Bartsch 23.)

RAPHAEL MORGHEN.

536. — La Cène, d'après Léonard de Vinci.
Épreuve avant la lettre.

537. — La Transfiguration, d'après Raphaël.
Épreuve avant la lettre.

JÉROME MOZZETO.

538. — Judith, d'après A. Mantegna. (Bartsch, 1.)

NICOLETTO, de Modène.

539. — Le Jugement universel. (Bartsch, 23.)

540. — Enlèvement d'Europe. (Bartsch, 51.)

ANTOINE POLLAUIOLO.

541. — Les gladiateurs (Bartsch, 1.)

CHARLES PORPORATI.

542. — La petite fille au chien, d'après Greuze.
Épreuve avant la lettre.

GIOVANNI BATTISTA DEL PORTO, dit le maître à l'oiseau.

543. — Léda et ses enfants. (Bartsch, 3, — Galichon, 7.)

MARC-ANTOINE RAIMONDI.

544. — Adam et Ève, d'après Raphaël. (Bartsch, 4).

545. — Le Massacre des Innocents, d'après Raphaël. (Bartsch, 18.)
Planche dite au chicot.
Épreuve du premier état avant l'inscription sur le piédestal placé à la gauche du fond.

546. — Le Massacre des Innocents, d'après Raphaël. (Bartsch, 20.)

547. — La Cène, d'après Raphaël. (Bartsch, 26.)

548. — Saint Paul prêchant à Athènes, d'après Raphaël. (Bartsch, 44.)

549. — Le martyre de saint Laurent, d'après Baccio Bandinelli. (Bartsch, 104.)
Première épreuve dans laquelle les deux fourches sont apparentes.

550. — Jésus-Christ rayonnant de gloire assis sur les nuages, d'après Raphaël. (Bartsch, 113.)
Planche connue sous le nom des « Cinq saints. »

551. — Le Jugement de Paris, d'après Raphaël. (Bartsch, 245.)

552. — Vénus sortie de la mer. (Bartsch, 312).

553. — Amadée. (Bartsch, 355.)
Épreuve du premier état avant les travaux sur le manteau d'Amadée.

554. — L'homme et la femme aux boules, d'après Francia. (Bartsch, 377.)

555. — Jeune femme arrosant une plante. (Bartsch, 383.)

556. — Les trois docteurs. (Bartsch, 404.)

557. — Les chanteurs. (Bartsch, 468.)

558. — Portrait de Raphaël. (Bartsch, 496.)

JOSEPH RIBERA.

559. — Portrait de don Juan d'Autriche à cheval. (Bartsch, 14.)

CESARE DA SESTO.

560. — Décollation de saint Jean-Baptiste. (Galichon, *Gaz. des B.-A.*, XVIII, p. 550.)

PAOLO TOSCHI.

561. — L'entrée d'Henri IV dans Paris, d'après Gérard.

LÉONARD DE VINCI (attribué à).

562. — Entrelacs (Passavant, Appendice, t. V, p. 182, 9 c.)

ÉCOLE ALLEMANDE.

ANONYMES.

563. — Le Calvaire. Gravure en manière criblée. (Passavant, I, p. 87.)

564. — L'Adoration des mages. Gravure en manière criblée.

565. — Le Martyre de saint Érasme. (Weigel, 223.)

566. — L'Adoration des Mages. Gravure coloriée.

567. — L'Annonciation. Gravure coloriée.

568. — Jésus au jardin des Oliviers.

569. — Jésus sortant du tombeau. Gravure coloriée.

570. — L'Annonciation. (Weigel, 23.)

571. — Adam et Ève. Étude de quatre figures sur une même feuille. Pièce non décrite.

MAITRE DE 1464.

572. — Saint Jérôme. (Passavant, II, p. 18, n° 24.)

MAITRE E. S. DE 1466.

573. — Saint Georges. (Bartsch, 78.)

574. — Saint Jean l'évangéliste. (Bartsch, Appendice, t. VI, p. 48.)

575. — Sainte Véronique. (Bartsch, 82.)

576. — Le Sauveur. (Bartsch, 83.)

577. — Le Banquet amoureux. (Bartsch. 90.)

578. — Composition chimérique représentant une lettre de l'alphabet. (Bartsch. 108.)

579. — L'Adoration des Mages. (Passavant, 124.)

580. — La Vierge et l'enfant Jésus entourés d'anges. (Passavant, 143.)

581. — La Vierge en prière dans une chambre richement ornée. (Passavant, 189.)

MAITRE AU MONOGRAMME B. M.

582. — Le Jugement de Salomon. (Bartsch, 1.)

583. — Repos en Égypte. (Bartsch, 2.)

MAITRE AU MONOGRAMME. L. C. Z.

584. — Jésus-Christ tenté par le démon. (Bartsch, 1.)

HENRI ALDEGREVER.

585. — Portrait de Bernard Knipperdolling. (Bartsch, 183.)

FRANÇOIS VAN BOCHOLT.

586. — Le Jugement de Salomon. (Bartsch, 2.)

ALBERT DURER.

587. — Adam et Ève. (Bartsch, 1.)

588. — Saint Hubert. (Bartsch, 57.)

589. — Saint Jérôme dans sa cellule. (Bartsch, 60.)

590. — La Grande fortune. (Bartsch, 77.)

591. — Le Chevalier de la mort. (Bartsch, 98.)

592. — Portrait de Ulric Varnbuler. (Bartsch, 155.)
Gravure sur bois imprimée en camaïeu.

ALBERT GLOCKENTON.

593. — L'Adoration des Mages. (Bartsch, 1.)

JACQUES CHRISTOPHE LE BLOND.

594. — Portrait de Louis XV.
Buste grand comme nature gravé en couleurs.

MAIR, DE LANDSHUT.

595. — Samson portant les portes de Gaza. (Bartsch, 2.)

596. — La Nativité. (Bartsch, 4.)

ISRAEL VAN MECKEN.

597. — La Danse d'Hérodiade. (Bartsch, 9.)

JEAN-ULRICH PILGRIM.

598. — Un cavalier armé de toutes pièces. (Bartsch, 10.)

MARTIN SCHONGAUER.

599. — Le Portement de croix. (Bartsch, 21.)

600. — Jésus-Christ en croix. (Bartsch, 24.)

601. — Jésus-Christ en croix. (Bartsch, 25.)
Épreuve du premier état.

602. — Une seconde épreuve de la même planche.
Deuxième état.

GEORGES FRÉDÉRIC SCHMIDT.

603. — Portrait de Pierre Mignard, d'après lui-même.
Épreuve avant la lettre.

604. — La Fiancée juive, d'après Rembrandt.
Épreuve avant la lettre.

605. — Le Père de la fiancée juive, d'après Rembrandt.
Épreuve avant la lettre.

VIRGILE SOLIS.

606. — Cartes à jouer. Suite de 52 pièces. (Bartsch, 300-351.)

JEAN-GEORGES WILLE.

607. — L'Instruction paternelle, d'après G. Terburg. (Leblanc, 55.)
Épreuve du premier état.

608. — Les Musiciens ambulants, d'après Dietrich. (Leblanc, 52.)
Épreuve avant la lettre et avant les armes.

609. — Le Petit physicien, d'après Gaspard Netscher. (Leblanc, 66.)
Épreuve avant toutes lettres.

610. — Le Jeune joueur d'instrument, d'après Schalken. (Leblanc, 57.)
Épreuve avant toutes lettres.

611. — Portrait du comte de Saint-Florentin, d'après Tocqué. (Leblanc, 124.)

Épreuve avant la lettre et avant les armes.

MARTIN ZAGEL.

612. — Le Grand tournoi. (Bartsch, 14.)

613. — L'Embrassement. (Bartsch, 15.)

ZWOLL, dit le Maître à la Navette.

614. — Jésus-Christ sur la croix entre les deux larrons. (Bartsch, 5.)

615. — Jésus-Christ en croix. (Bartsch, 6.)

ÉCOLES FLAMANDE ET HOLLANDAISE.

MAITRE DE SUJETS TIRÉS DE BOCCACE.

616. — Le Roi et l'Homme mort. (Passavant, 5.)

617. — Deux hommes égorgés dans la cour d'une forteresse. (Pièce non décrite par Passavant.)

ALART DU HAMEL.

618. — Le Jugement dernier. (Bartsch, 2.)

619. — Les Cavaliers autour d'une chapelle. (Bartsch, 3.)

NICOLAS BERGHEM.

620. — Les trois vaches au repos. (Bartsch, 3.)

Épreuve à l'eau-forte pure avant beaucoup de travaux.

621. — Le Joueur de cornemuse. (Bartsch, 6.)

Épreuve à l'eau-forte pure avant beaucoup de travaux.

SCHELTE A BOLSWERT.

622. — L'Éducation de la Vierge, d'après Rubens.

Épreuve avant la lettre.

623 — Le Mariage de la Vierge, d'après Rubens.

Épreuve avant la lettre.

624. — Le Christ au roseau, d'après A. Van Dyck.

Épreuve du premier état, avant les contre-tailles sur la jambe du soldat placé à droite.

625. — Jésus-Christ en croix, d'après A. Van Dyck.
Épreuve avant la lettre.

626. — Jésus-Christ en croix entre les deux larrons, d'apres A. Van Dyck.
Épreuve avant la lettre.

627. — Le Christ à l'éponge, d'après A. Van Dyck.
Épreuve avant toutes lettres et avant la couronne d'épines sur la tête du Christ.

628. — Le Triomphe de l'Église par l'Eucharistie, d'après P.-P. Rubens.
Épreuve avant la lettre.

629. — La fille d'Hérodiade présentant à sa mère la tête de saint Jean, d'après Rubens.
Épreuve avant la lettre.

630. — L'Assomption de la Vierge, d'après Rubens.
Épreuve avant la lettre.

631. — Paysage. Vue des environs de Malines, d'après Rubens.
Épreuve avant la lettre.

ANTOINE VAN DYCK.

632. — Portrait de Philippe Le Roy, 1re planche.
Épreuve du troisième état avant la lettre.

633. — Portrait de Philippe Le Roy, 2$_e$ planche.
Épreuve avant toutes lettres.

HENRI GOLTZIUS.

634. — Portrait de Henri Goltzius. (Bartsch, 172.)
Épreuve avant la lettre.

635. — Portrait de Henri IV. (Bartsch, 173.)
Épreuve du premier état avec l'adresse de Paul de la Houve.

636. — Jeune garçon jouant avec un chien. (Bartsch, 190.)

JEAN LIVENS.

637. — Portrait d'Ephraïm Bonus (Bartsch. 56.)
Épreuve avant la lettre et avant de nombreux travaux.

638. — Portrait de Juste Vondel. (Bartsch, 57.)
Épreuve à l'eau-forte pure.

639. — Le même portrait.
Épreuve terminée avant la lettre.

640. — Portrait de Gaspard Strezo. (Pièce non décrite.)
Épreuve à l'eau-forte pure.

LUCAS DE LEYDE.

641. — Le Christ présenté au peuple. (Bartsch, 71.)

642. — Le Retour de l'Enfant prodigue. (Bartsch, 78.)

643. — Portrait de l'empereur Maximilien. (Bartsch, 172.)

ADRIEN VAN OSTADE.

644. — La Danse au cabaret. (Faucheux, 49.)
Épreuve avant toutes lettres.

PAUL PONTIUS.

645. — Portrait de Pierre-Paul Rubens.
Épreuve du premier état avant la lettre et avant la bordure.

646. — Le Massacre des Innocents, d'après P.-P. Rubens.
Épreuve avant la lettre.

PAUL POTTER.

647. — Le Vacher. (Bartsch, 14.)
Épreuve du premier état avant le nom de l'artiste et avant de nombreux travaux.

648. — La même estampe.
Épreuve du deuxième état avec le nom *Paulus* écrit *Pauwelus*.

REMBRANDT.

649. — Jésus-Christ guérissant les malades. Estampe désignée sous le nom de *Pièce aux cent florins*. (Bartsch, 74. Claussin, 78. Ch. Blanc, 49. Middleton, 224. Dutuit, 77.)
Épreuve du premier état avant les contre-tailles sur le cou de l'âne, avant que la partie inférieure du visage de la femme coiffée d'un turban et agenouillée au premier plan ait été diminuée.

650. — La mort de la Vierge. (Bartsch, 99. Claussin, 102. Ch. Blanc, 70. Middleton, 207. Dutuit, 102.)
Épreuve du premier état.

651. — Portrait du vieux Harring. (Bartsch, 274. Claussin, 271. Ch. Blanc, 178. Middleton, 168. Dutuit, 261.)

Épreuve imprimée sur vélin.

652. — Portrait de Jean Lutma. (Bartsch, 276. Claussin, 273. Ch. Blanc, 182. Middleton, 171. Dutuit, 265.)

Épreuve du premier état.

JACQUES RUYSDAEL

653. — Les deux paysans et leur chien. (Bartsch, 2.)

Épreuve à l'eau-forte pure.

654. — Le Bouquet de trois chênes. (Bartsch, 6.)

Épreuve à l'eau-forte pure.

LOUIS DE SIEGEN

655. — Portrait d'Amélie Élisabeth, landgrave de Hesse.

DIRK VAN STAREN, dit le maître à l'étoile.

656. — Saint Bernard adorant l'enfant Jésus. (Bartsch, 8.)

CORNEILLE VISSCHER

657. — Le Vendeur de mort aux rats. (W. Smith, 43.)

Épreuve avant la lettre.

658. — Portrait de Gelius de Bouma. (W. Smith, 89.)

Épreuve du premier état, le livre placé sur la table à côté du personnage n'est pas encore couvert d'écriture.

659. — Portrait de Guillaume de Ryck. (W. Smith, 115.)

Épreuve avant la lettre.

660. — Portrait d'André Deonyszoon Winius, connu sous le nom de l'Homme aux pistolets. (W. Smith, 126.)

Épreuve avant la lettre et avant les chiffres 1,000 sur le tonneau.

LUCAS VORSTERMAN

661. — La Descente de croix, d'après P.-P. Rubens.

Épreuve du premier état.

662. — Le Christ mort, d'après A. Van Dyck.

Épreuve du deuxième état.

LES WIERIX

663. — Portrait de Catherine de Bourbon, sœur de Henri IV.

Première épreuve avec l'adresse de Paul de la Houve.

664. — Portrait de Henriette de Balzac, marquise de Verneuil.

Épreuve avec l'adresse de Paul de la Houve.

665. — Portrait de Henri III, roi de France.

Épreuve du premier état, avant l'inscription au haut de la planche et avec l'adresse de Paul de la Houve.

JEAN WITDOECK.

666. — L'Élévation en croix, d'après P.-P. Rubens.

Épreuve non terminée avant toutes lettres.

ÉCOLE ANGLAISE.

GUILLAUME FAITHORNE.

667. — Portrait de Thomas Fairfax, d'après R. Walker.

668. — Portrait de Francesca Bridges, comtesse d'Exeter.

RICHARD EARLOM.

669. — Bouquet de fruits, d'après Van Huysum.

Épreuve avant la lettre.

670. — Bouquet de fleurs, d'après Van Huysum.

Épreuve avant la lettre.

ROBERT STRANGE.

671. — Charles Ier, roi d'Angleterre, d'après A. Van Dyck. (Leblanc, 45.)

Épreuve avant toutes lettres.

672. — Henriette de France, reine d'Angleterre, d'après A. Van Dyck. (Leblanc, 48.)

Épreuves avant toutes lettres.

ÉCOLE FRANÇAISE.

GÉRARD AUDRAN.

673. — La Femme adultère, d'après N. Poussin. (Robert Dumesnil, 14.)

Épreuve avant la lettre.

JEAN AUDRAN.

674. — La Résurrection de Lazare, d'après J. Jouvenet.
Épreuve avant la lettre.

675. — La Pêche miraculeuse, d'après J. Jouvenet.
Épreuve avant la lettre.

PIERRE AVELINE.

676. — L'Enseigne, d'après A. Watteau.
Épreuve avant toutes lettres et avant beaucoup de travaux.

CHARLES-CLÉMENT BERVIC.

677. — Portrait de Louis XVI, d'après Callet.
Épreuve avant la lettre et avant la bordure terminée.

AUGUSTE BOUCHER-DESNOYERS.

678. — La Madone de Foligno, d'après Raphaël.
Épreuve avant la lettre.

JACQUES CALLOT.

679. — Portrait de Claude Deruet. (Meaume, 505.)
Épreuve d'un premier état non décrit, avant le trait vertical qui, dans la marge inférieure, sépare en deux colonnes les vers, et avant beaucoup de travaux.

N. COCHIN.

680. — Entrée de Louis XIV à Paris en 1660.
Épreuve avant la lettre.

LES DREVET.

681. — Portrait de Samuel Bernard, d'après H. Rigaud. (Didot, 11.)
Épreuve d'un premier état non décrit, avant les travaux à la pointe sèche sur les lumières de la main gauche et avant beaucoup de tailles dans les draperies du haut.

682. — Portrait de J.-B. Bossuet, d'après H. Rigaud. (Didot, 12.)
Épreuve du deuxième état.

683. — Portrait d'Adrienne Lecouvreur, d'après Coypel. (Didot, 24.)
Épreuve avant la lettre.

684. — Portrait du cardinal H. de Fleury, d'après H. Rigaud. (Didot, 48.)
Épreuve avant la lettre.

685. — Portrait de Louis XIV, en manteau royal, d'après H. Rigaud. (Didot, 55.)
Épreuve du premier état avant la suppression d'une boucle de cheveux au-dessus de l'œil droit.

686. — Portrait de L. H., duc de Villars, d'après H. Rigaud. (Didot, 123.)
Épreuve avant la lettre.

GASPARD DUCHANGE.

687. — Jésus chassant les vendeurs du temple, d'après J. Jouvenet.
Épreuve avant la lettre.

688. — Jésus chez Simon le Pharisien, d'après J. Jouvenet.
Épreuve avant la lettre.

GÉRARD EDELINCK.

689. — Le Christ aux anges, d'après Ch. Lebrun. (Robert Dumesnil, 17.)
Épreuve avant la lettre.

690. — Combat des quatre cavaliers, traduction d'un dessin fait par Rubens d'après une peinture de Léonard de Vinci. (Robert Dumesnil, 44.)
Épreuve avant toutes lettres.

691. — La Famille de Darius aux pieds d'Alexandre, d'après Ch. Lebrun. (Robert Dumesnil, 42.)
Épreuve du premier état.

692. — Portrait de Philippe de Champaigne, d'après lui-même. (Robert Dumesnil, 164.)

693. — Portrait de Desjardins, d'après H. Rigaud. (Robert Dumesnil, 182.)

> Épreuve avant toutes lettres.

PIERRE FIRENS.

694. — Portrait de Henri IV.

JEAN-JACQUES FLIPART.

695. — L'Accordée de village, d'après Greuze.

> Épreuve avant la lettre.

CLAUDE GELÉE, dit le Lorrain.

696. — Le soleil levant. (Robert Dumesnil, 15.)

> Épreuve du premier état.

697. — Le Campo Vaccino (Robert Dumesnil, 23.)

> Épreuve du deuxième état.

MICHEL LASNE.

698. — Louis XIII debout.

699. — Anne d'Autriche.

LE BLOND.

700. — Portrait du duc de Mayenne, portant en sautoir le chapelet de la Ligue.

JEAN MASSARD.

701. — La Cruche cassée, d'après Greuze.

> Épreuve avant toutes lettres, la tablette n'est pas terminée.

ANTOINE MASSON

702. — Jésus et les disciples d'Emmaüs, d'après Titien. (Robert Dumesnil, 5.)

> Épreuve avant toutes lettres.

703. — Portrait de Guillaume de Brisacier, d'après Mignard. (Robert Dumesnil, 15.)

> Épreuve avant la lettre.

704. — Portrait de Henri de Lorraine, comte d'Harcourt, d'après N. Mignard. (Robert Dumesnil, 34.)

> Épreuve du premier état avec l'adresse de Masson, remplacée postérieurement par celle de Poilly et avant beaucoup de travaux sur la cuirasse et sur le pommeau de l'épée.

JEAN-MICHEL MOREAU.

705. — La Philosophie endormie, d'après Greuze.
Épreuve à l'eau-forte pure.

JEAN MORIN.

706. — Portrait d'Antoine Vitré, d'après Ph. de Champaigne.
(Robert Dumesnil, 88.)
Épreuve avant toutes lettres.

ROBERT NANTEUIL.

707. — Portrait de Pomponne de Bellièvre. (Robert Dumesnil 37.)
Épreuve du premier état.

708. — Portrait de Louis XIV, dit aux pattes de lion. (Robert
Dumesnil, 461.)
Épreuve du premier état.

709. — Portrait de Philippe de France, duc d'Orléans. (Robert
Dumesnil, 208.)
Épreuve du premier état.

710. — Portrait de Henri de la Tour d'Auvergne, vicomte de
Turenne. (Robert Dumesnil, 232.)
Épreuve du premier état.

711. — Portrait du même personnage. (Robert Dumesnil, 232.)
Épreuve du deuxième état.

JEAN BAPTISTE NOLIN.

712. — Portrait de Molière d'après Mignard.
Épreuve du premier état, avant toutes lettres, dans laquelle
le doigt qui tient la plume dépasse la bordure.

713. — Une seconde épreuve du même portrait.
Deuxième état.

JEAN PESNE.

714. — Portrait de Nicolas Poussin. (Robert Dumesnil, 5.)
Épreuve du deuxième état, avant toutes lettres.

ESTAMPES HISTORIQUES.

715. — Pourtraict d'une tapisserie faite il y a deux cens ans où est représenté le roy Charles VII allant faire son entrée en la ville de Rheims pour y être sacré à la conduite de la Pucelle d'Orléans, 1429. *Poinssart sculpsit.*

716. — Les ministres de l'Église réformée et les princes allemands leurs protecteurs assistant au baptême du Christ en vue de la ville de Nuremberg, gravure en bois coloriée anonyme.

717. — Procession de la ligue à Paris en 1573. *Petrus Kaerius excud.*

718. — Représentation des cérémonies et de l'ordre gardé au baptême de monseigneur le Dauphin et de Mesdames ses sœurs à Fontainebleau le quatorzième jour de septembre 1606. *Léonard Gaultier sculpteur.*

719. — Le Sceptre de Milice. *Léonard Gaultier sculpsit.*

720. — Henri IV sur son lit de mort. *Briot sculpsit.*

721. — Henri IV sur son lit de mort. *Firens sculpsit.*

722. — Pourtraict du sacre et couronnement de Marie de Médicis, royne très chrestienne de France et de Navarre, faict à Saint-Denis en France, le jeudy 13 de may, 1610. *Léonard Gaultier sculpsit.*

723. — Cérémonies observées au sacre et couronnement du très chrétien roy de France et de Navarre Louis XIII. *Thomas de Leu et Firens sculpserunt.*

724. — Dessin des pompes et magnificences du carrousel faict en la place Royalle à Paris les 5, 6 et 7 d'avril 1612. *Claude Chastillon sculpsit.*

725. — Ordre et séance des états généraux de France tenus et ouverts à Paris, le vingt-septième octobre 1614. *Ziarnko Polonus sculpsit.*

726. — Le lict funéral de la royne Marguerite, dernière de la très chrestienne et très illustre maison de Valois, décédée en son hôtel, au fauxbourg Saint-Germain-lez-Paris le vingt septième jour de Mars 1615. *Ziarnko Polonus fecit.*

727. — Ordre et séance de l'assemblée des notables tenue à Rouen, au mois de décembre 1617. *Ziarnko Polonus fecit.*

728. — Les appartements de Louis XIV. Troisième appartement. *Trouvain sculpsit.*

729. — Les appartements de Louis XIV. Cinquième chambre. *Trouvain sculpsit.*

730. — Décoration du sacre de Louis XVI, roi de France et de Navarre, à Reims le 11 juin 1775. *J.-M. Moreau sculpsit.*

    Épreuve à l'eau-forte pure.

731. — La Foire de Guibray, en Normandie. *Noel Cochin sculpsit.*

    Épreuve avant la lettre.

M. Édouard GARNIER.

732. — Le sacre de Charles X (bois).

733. — Jacques Naflou (bois).

734. — Le message mystérieux (bois).

735. — Sept images, sujets religieux coloriés.

736. — Vingt-six images, sujets religieux coloriés.

737. — Douze images, cantiques spirituels coloriés.

738. — Trois images, sujets religieux (en noir).

739. — Neuf images, sujets divers coloriés.

740. — Huit images, portraits ou sujets sur la royauté, sept en noir et un colorié.

741. — Une pièce très curieuse sur notre grand-père Allabre, pour avoir colorié des billets patriotiques.

742. — Une image, bonne bière de mars (Paris).

743. — Deux images, sujets religieux coloriés (Orléans).

744. — Six images, sujets divers et militaires, noir, imprimées chez Hinzelin (Nancy).

745. — Une image, prise de la Bastille.

M. GLUCQ.

746. — Lettres initiales des xve et xvie siècles, 10 cadres.

M. le comte GUÉRIN.

747. — Portrait de G. M. Guérin, dessin de C. N. Cochin.

748. — Portrait de G. M. Guérin, d'après Cochin.

749. — La promenade des remparts de Paris, par Courtois, d'après Saint-Aubin.

750. — Vingt-cinq vues de Paris, 1802. Dessins de Muller.

751. — L'aurore, par Raphaël Morghen, d'après Guido Reni.

752. — Portrait de l'abbé Desme. Dessin attribué à Coypel.

753. — L'enfant prodigue, par Lebas d'après David Teniers.

M. ICARD.

754. — Dessins du père Martin pour un émail représentant le Bon Pasteur. Cet émail était destiné à la porte du tabernacle du maître-autel du collège des jésuites à Toulouse.

M. de LIESVILLE.

755. — Bois originaux ayant trait à l'imagerie populaire, aux cartes, aux papiers et aux étoffes. XVIe XVIIe XVIIIe et XIXe siècles. (161 bois.)

756. — Bois divers servant à l'ornementation du livre aux XVIIe et XVIIIe siècles. — (26 cadres.)

757. — Bois anciens extraits d'ouvrages. — (10 cadres).

758. — Images populaires du XVIIIe siècle. — (35 cadres).

759. — Sujets pour cartonnage. XVIIIe et XIXe siècles. — (24 cadres).

M. E. MARCILLE.

760. — Berceau du roi de Rome. Dessin de Prudhon.

761. — La Seine et le Tibre. Dessins de Prudhon.

MOBILIER NATIONAL.

762. — Dessins, projets de fêtes publiques.

M. Eugène PIOT.

DOMENICO DALLE GRECHE.

763. — Le passage de la mer Rouge, 1549. (Passavant, tome VI, 220, nº 6.)

CH. JEGHER.

764. — La chaste Suzanne, d'après P.-P. Rubens,

765. — Repos en Égypte, d'après P.-P. Rubens.

766. — Hercule tuant Cacus, d'après P.-P. Ruben s.

M. V. SARDOU.

LOUIS XIII.

ABRAHAM BOSSE.

767. — L'Enfant prodigue. Six pièces.

768. — La Galerie du palais.

769. — Le Festin des chevaliers du Saint-Esprit.

770. — La Fortune de la France.

771. — Le Peintre dans son atelier.

772. — La Saignée.

773. — L'Adolescence.

774. -- L'Hôpital de la Charité.

775. — Le Théâtre de l'hôtel de Bourgogne.

776. — Le Soir des noces.

777. — Visiter les malades.

778. — Le Cordonnier.

779. — Le Sculpteur.

780. — Vestir les nuds.

781. -- Visiter les prisonniers.

782. — La Maîtresse d'école.

783. -- L'Accouchée.

784. -- L'Hyver.

785. — Mariage, à Fontainebleau, de Ladislas, roi de Pologne.

RÈGNE DE LOUIS XIV.

BONNART, SAINT-JEAN, TROUVAIN, ARNOULT.

786. — Quarante-huit pièces en noir.

787. -- La Famille de Lorraine.

788. — Le jeu du pied de bœuf et le jeu de l'ombre, par Bernard Picart.

RÈGNE DE LOUIS XIV ET LOUIS XV.

Almanachs.

789. — Années 1693, 1694, 1699, 1700, 1704, 1708, 1712, 1714, 1715, 1722.

Théâtre.

790. — Ballet sous Louis XIV. Huit dessins.

791. — Ballet sous Louis XV. Douze gravures de Martin, coloriées.

RÈGNE DE LOUIS XV ET LOUIS XVI.

792. — Le Pied de bœuf, par Ch. N. Cochin, d'après de Troy.

793. — L'Amour européen, par F. Basan, d'après Eisen.

794. — L'Amour en ribote, par Halbou, d'après Eisen.

795. — Les Dragons de Vénus, par Halbou, d'après Eisen.

796. — La Guinguette, par Fr. Basan, d'après Gabriel de Saint-Aubin.

797. — Le Ballet, par F. Basan, d'après Gabriel de Saint-Aubin.

798. — L'Heureux moment, par R. Delaunay, d'après Lawreince.

799. — Le Coucher, par Duclos, d'après Freudeberg.

800. — Le Boudoir, par Malœuvre, d'après Freudeberg.

801. — La Toilette, par Voyez l'aîné, d'après Freudeberg.

802. — La Reine promettant des juges à Mme de Bellegarde, par Duclos, d'après Desfossés.

803. — Bibliothèque de la Société Félix Mériti, à Amsterdam, par Kuyper, d'après Barbier.

804. — La Sentinelle en défaut, par d'Arcis, d'après Lawreince.

805. — L'Accident imprévu, par d'Arcis, d'après Lawreince.

806. — La Partie de musique, par Langlois, d'après Lawreince.

807. — Le Billet doux, par Delaunay, d'après Lawreince.

808. — L'Indiscrétion, par Janinet, d'après Lawreince.

809. — La Dame du palais de la reine, par Martini, d'après Moreau le Jeune.

810. — La Partie de wisch, par J. Dambrun, d'après Moreau le Jeune.

811. — Déclaration de la grossesse, par Martini, d'après Moreau le Jeune.

812. — Sortie de l'Opéra, par Malbeste, d'après Moreau le Jeune.

813. — Souper fin, par Helman, d'après Moreau le Jeune.

814. — Précautions, par Martini, d'après Moreau le Jeune.

815. — Délices de la maternité, par Helman, d'après Moreau le Jeune.

816. — Rendez-vous pour Marly, par C. Guttenberg, d'après Moreau le Jeune.

817. — L'accord parfait, par Helman, d'après Moreau le Jeune.

818. — La Petite loge, par Patas, d'après Moreau le Jeune.

RÈGNE DE LOUIS XVI.

LECLERC ET DESRAIS.

819. — Costumes français, 16 planches.

820. — Promenade du Palais-Royal, par Debucourt.

821. — Le Vice forcé dans ses retranchements.

822. — La Désolation des filles de joie.

823. — Le Baquet magique de Mesmer.

824. — Mme Sainval (sanguine).

825. — Portrait de femme (aquarelle).

Gravures anglaises de la fin du XVIIIe siècle.

826. — Promenade de Saint-James Parck, grav. par Soiron, d'après Dayes.

827. — Procession royale sortant de Saint-Paul, le 23 avril 1789, grav. par J. Neagle, d'après Dayes.

828. — Promenade Carlisle-House, par J. R. Smith.

829. — Revue de troupes, grav. par Pollard, d'après W. Mason.

830. — Cour des Pairs, à Westminster, grav. par Pollard, d'après Dayes.

831. — Didelot et Mme Théodore, dansant.

832. — Salon du pavillon de la marine, par Alken, d'après Rowlandson.

833. — The Tavern door, par Bartoloti, d'après Morland.

834. — La Famille française, par S. Alken, d'après Rowlandson.

835. — Caricature de toilettes.

836. — Caricatures à la française et à l'anglaise, grav. par Tomkins, d'après Ch. Ansell.

RÉVOLUTION.

837. — Bal de la Bastille, par Lecœur, d'après Swebach Desfontaines.

838. — Serment fédératif du 14 juillet, par Lecœur, d'après Swebach Desfontaines.

839. — Vue du Champ de Mars le 12 juillet.

840. — Le Mariage républicain, par Legrand.

841. — Le Divorce, par Legrand.

842. — Portrait de Marat, par Angélique Briceau.

843. — Portrait de Michel Lepelletier, par Alix, d'après Garnerey.

844. — Portrait de Joseph Barra, par Alix, d'après Garnerey.

845. — Projet de monument pour le roi, par Janinet, d'après Moreau le Jeune.

846. — On doit à la Patrie le sacrifice de ses plus chères affections, par Coqueret, d'après Dutailly.

847. — Il est glorieux de mourir pour sa Patrie, par Coqueret, d'après Dutailly.

MICHEL

848. — Portrait de Marie-Thérèse-Charlotte de France, par Sergent Marceau.

849. — Un fragment de papier de tenture républicaine.

850. — Almanach pour l'an II, chez Basset.

851. — Combat de cavalerie. — Deux pièces. Gouaches.

852. — Reddition de Kehl, par J. Juillera 1797. Gouache.

DIRECTOIRE.

853. — Le culte naturel des théophilantrophes à Notre-Dame, par Mallet.

854. — Les croyables au Pérou.

855. — Les croyables actifs du Palais ci-devant royal.

856. — La Folie du jour.

857. — La Rencontre des merveilleuses.

858. — Les Payables.

859. — Point de Convention.

860. — Un Dessin de femme vêtue à la grecque.

861. — La Correction républicaine.

862. — Costumes de représentants, par Châtaignier et Denon, d'après David.

863. — Les Visites, par Debucourt.

864. — L'Orange, par Debucourt.

865. — Modes et Nouveautés, par Debucourt ?

866. — Le Boulevard du Temple. Gouache, par Opiz.

867. — Un Salon. Gouache.

868. — Le Salon de l'an VIII, par Monsaldi et Devisme.

869. — Fête à Mortfontaine pour la signature de la paix, 3 octobre 1800.

870. — Fête donnée par le général Berthier, 2 germinal an IX.

871. — Dernière promenade des Anglais au cap de la Rotonde.

EMPIRE.

872. — La Manie de la danse, par Debucourt, 1809.

873. — Les Courses du matin, par Debucourt, 1805.

874. — Frascati, par Debucourt.

875. Promenade de jardin Turc, par Jazet.

876. — La Bouillotte, d'après Bosio.

877. — Le Bal de l'Opéra, d'après Bosio.

878. — Le Bal de Société, d'après Bosio.

CONSULAT, EMPIRE, RESTAURATION.

879. — Douze pièces extraites du *Bon genre,* du *Bon ton,* et des *Caricatures parisiennes.*

880. — Dessins de Lanté pour le *Bon genre.* Six pièces.

881. — Incroyables et Merveilleuses. Douze pièces, grav. par Gatine, d'après Horace Vernet.

882. — Quatre albums de modes anglaises :

883. — La galerie de la Fashion, années 1795, 1796, 1797, 1798.

884. — Un Album des modes de Paris. — Révolution, années 1790, 1791, 1792, 1793.

885. — Collection des drapeaux de la garde nationale de Paris, à la fête de la Fédération.

886. — Premier appartement. — Deuxième appartement. — Troisième appartement. — Quatrième appartement, par A. Trouvain.

887. — Femme de qualité reposant sur un lit d'ange, par J. D. de Saint-Jean.

888. — Femme de qualité en robe de chambre se disposant à jouer, par J. D. de Saint-Jean.

889. — Femme qui se fait saigner par précaution, par J. D. de Saint-Jean.

890. — Femme de qualité sollicitant son juge, par J. D. de Saint-Jean.

891. — Femme de qualité en déshabillé sortant de son lit, par J. D. de Saint-Jean.

892. — Femme de qualité déshabillée pour le bain, par J. D. de Saint-Jean.

893. — Une gouache encadrée : Bal paré sous Louis XIV.

894. — Deux toiles du XVIIIe siècle. — Décors et costumes de théâtre.

895. — L'assemblée au concert. — L'assemblée au salon, par Dequevauviller, d'après Lawreince.

896. — La main. — La rose. — Deux planches par Debucourt.

897. — Les politiques. Grav. par R. Pollard.

898. — Audience publique du Directoire, par Chataignier.

SOCIÉTÉ DE L'HISTOIRE DU PROTESTANTISME FRANÇAIS.

899. — Portrait d'Ambroise Paré à 72 ans, par Et. Delaune.

900. — Les réformateurs autour de la lumière de l'Évangile, que leurs ennemis essaient d'éteindre.

901. — Protestants attaqués dans le faubourg Saint-Antoine, pendant qu'ils se rendaient à Charenton. 1671. Grav. par Jean Luyken.

902. — Portrait de Henri IV, par H. Goltzius.

903. — Portrait de Jeanne d'Albret, par Wierix.

904. — Portrait de *Luther* en costume de moine, par D. Hopfer.

M. James de THIERRY.

905. — La conspiration des poignards. 28 février 1791.

M. TISSOT.

G. FAILHORNE, le vieux.

906. — Portrait de Tilbuzy.

907. — Portrait de John Kersey.

908. — Portrait de Thévenot.

909. — Portrait de Ch. Simpson.

910. — Portrait de Tho. Mace.

911. — Portrait de J. Fortescu.

912. — Portrait du vicomte J. Mordaunt d'Aviland.

913. — Portrait de Roland Bridgeman.

914. — Portrait de Whitelock.

915. — Portrait de Guil. Sanderson.

916. — Portrait de Marie, comtesse de Nassau, publié par Failthorne.

917. — Portrait de Marie, comtesse de Nassau, publié par R. Peake.

918. — Portrait de Charles II.

919. — Portrait de Charles II.

920. — Portrait de Charles II.

921. — Portrait de Marguerite Herbert.

LE LIVRE MANUSCRIT. LE LIVRE IMPRIMÉ
LA RELIURE

ABBEVILLE (Bibliothèque d').

1. — Les quatre évangiles, Ms. in-folio, sur parchemin pourpré, en lettres d'or, avec peintures et grandes lettres ornées.

> Volume exécuté sous le règne de Charlemagne et qui a été conservé dans le monastère de Saint-Riquier, depuis le commencement du IXe siècle jusqu'à la Révolution. Angilbert, abbé de ce monastère, qui dans sa jeunesse avait épousé Berte, fille de Charlemagne, le désigne parmi les objets dont le trésor de l'abbaye avait été enrichi par la munificence de l'empereur, de la famille impériale et d'autres bienfaiteurs. Il le désigne en ces termes : *Evangelium auro scriptum, cum tabulis argenteis, auro et lapidibus pretiosis mirifice paratum.* Les plaques d'argent, avec les ornements d'or et les pierres précieuses qui formaient la couverture de l'évangéliaire au temps de Charlemagne ont malheureusement disparu.

2. — La Cité de Dieu. Volume in-folio, achevé d'imprimer à Abbeville, par Jehan du Pré et Pierre Gérard, le 24 novembre 1486.

3. — Grammatica Nicolai Perotti. « Ils sont à vendre à Caen, cieulx Michiel Angier, libraire... » Sans date. In-8.

> Reliure en veau estampé; sur les plats, représentation de Notre-Dame de douleurs et de sainte Barbe. — Exemple d'un livre employé dans les écoles normandes au commencement du XVIe siècle.

4. — Vorrilongnon (Guill.). Compendium in quattuor libros Sententiarum. Paris, 1510, in-4.

> Reliure en veau gaufré.

5. — Mara (Guilielmus de). Trois opuscules, imprimés à Paris en 1511 et en 1513.

> Réunis en un volume qui doit avoir été relié pour le roi Louis XII; les plats sont ornés de porcs-épics et des armes de France et de Bretagne.

6. — Heures à l'usage d'Amiens. Paris, imprimé par Gille Couteau pour Guillaume Eustace. 1513, in-8.

> Exemplaire imprimé sur vélin. Reliure originale.

7. — Elegia funesta nepharii sceleris heretici. In officina Johannis Nycholai, e regione collegii Remensis venale proponitur. In-4°.

Jolie impression parisienne du temps de François Ier.

8. — Biblia. Paris, Robert Estienne, 1538, in-folio.

Exemplaire arrangé pour Louis de Charny, abbé commendataire de Notre-Dame de Josaphat et de Foucarmont, mort en 1548. Le luxe et le goût avec lesquels il a été enluminé et relié prouvent que Louis de Charny mérite de figurer sur la liste des grands bibliophiles du XVIe siècle.

9. — Breviarium ad usum ecclesiæ Ambianensis. Paris, Madeleine Boursette, 1550, in-8.

Reliure à entrelacs, genre Grolier.

10. — D. Dionysii Cartusiensis de perfecto mundi contemptu opusculum. Anvers, 1554. In-16.

Reliure en veau estampé, à la légende De profundis, etc. — Milieu du XVIe siècle.

11. — Missale ad insignis ecclesiæ Ambianensis usum. Paris, la veuve de François Regnault, 1552, in-4. Ensemble : Enchiridion, Amiens, chez Michel Wessepesse, 1554, in-4.

Reliure fleurdelisée, avec les fleurs de lis en mosaïque. — Milieu du XVIe siècle.

12. — Volume formé de plusieurs cahiers de livres d'heures, imprimés et manuscrits. La partie imprimée a été exécutée à Paris en 1562, par Jehan Le Blanc, pour Jaques Kerver. In-8.

Un des cahiers, commençant par un a b c, était un livret dont dont on se servait pour apprendre aux enfants à lire.

13. Le Moyne (Alph.). De dono orandi. Paris, 1650, in-4.

Aux armes du cardinal de Retz.

14. — Recueil des règlements généraux et particuliers concernant les manufactures et fabriques du royaume. Tome III. Paris, 1730. In-4.

Reliure portant dans un cartouche le nom de l'Hostel de ville d'Abbeville.

OUVRAGES RELIÉS POUR DES DISTRIBUTIONS DE PRIX.

15. — Bulengerus (J.-C.). De conviviis. Lyon, 1627. In-8.

Prix du collège d'Amiens ? — Armes de François Faure, évêque d'Amiens. — Les plats couverts d'un semé de F et d'hermines.

16. — Theodoreti de providentia orationes decem. Paris, 1630, in-8.

> Prix du collège d'Amiens en 1663. — Mêmes armes et même semé qu'au n° 15.

17. — Homeri quæ exstant. Genève, 1606, in-folio.

> Prix du collège d'Amiens, en 1665. Armes de France; plats fleudelisés avec une bordure dans laquelle alternent les fleurs de lis et les doubles Q, pour rappeler les trésoriers de France (*Quæstores Ambianenses*), qui faisaient les frais de la distribution des prix.

18. — Grotius (Hugo). Dicta poetarum quæ apud Stobæum exstant. Paris, 1623, in-4.

> Prix du collège d'Amiens. — Armes de Paul Barrillon d'Amoncourt, intendant de Picardie.

19. — Clavius (Christ). In sphæram Joannis de Sacro Bosco commentarius. Lugduni, 1618, in-8.

> Prix du collège d'Eu en 1684, décerné à François Corneille. — Aux armes d'Anne Marie-Louise d'Orléans.

20. — Novus orbis regionum ac insularum veteribus incognitarum. Paris, 1532, in-folio.

> Prix du collège de Presles-Beauvais, à Paris, en 1694. — Armes de France, surchargées des initiales P et B. — Plats fleurdelisés.

21. — Vossius (Isaac). Variæ observationes. Londres, 1685, in-4.

> Prix du collège de Lyon en 1712. — Armes de la ville de Lyon.

22. — Codinus (Georgius) Curopalata. De officiis et officialibus magnæ ecclesiæ et aulæ Constantinopolitanæ. Paris, 1625, in-folio.

> Prix du collège de .....? — Plats fleurdelisés.

M. ALKAN AINÉ.

1. — Recueil (Essais), de toutes sortes de papiers. Regensburg, 1772, en six parties in-4, avec 81 échantillons de papiers et 13 planches en noir et couleurs.

2. — Essai de Fables nouvelles dédiées au roi. — Paris, François-Ambroise Didot, 1786, in-18. Reliure de Derome.

3. — Arts et métiers et cultures de la Chine : Papier de bambou. Paris, 1845, in-18.

4. — Code de la Librairie, par Saugrain. Paris, 1744, in-12.

5. — Histoire des substances employées pour l'écriture jusqu'à l'invention du papier. Londres, 1804, in-8.

6. — Commentaires sur le papyrus. Venise, 1572, petit in-4.

7. — De la découverte du papier, par Wehrs. Halle, 1789.

8. — Traité de la fabrication du papier, par Piette. Paris, 1831.

9. — De la fabrication du papier avec de la paille et autres matières, par Piette. Cologne, 1838, in-4.

10. — Mémoires sur la fabrication du papier en Hollande, par Desmarets. Paris (Impr. nationale,) 1774, in-4.

11. — Édict du Roy portant création d'un contrôleur, visiteur et marqueur de papier. Rouen, 1624, petit in-8.

12. — Édit du Roy portant règlement pour les droits sur le papier et parchemin timbrés. Metz, 1681, in-4.

13. — Arrest du grand conseil du roi, concernant les vols de papier. Paris, 1691, in-4.

14. — Au Conseil des Cinq-Cents, pétition des journalistes, imprimeurs, libraires, etc. Paris, in-4.

15. — Rapport fait à l'Académie des sciences de Dijon sur une machine à fabriquer le papier. Dijon, 1813, in-4.

16. — Art de faire le papier, par de La Lande. Paris, s. d., in-4.

17. — Œuvres du marquis de Villette. Londres, 1786, in-18, imprimées sur papier de guimauve.

18. — Œuvres du marquis de Villette sur papier de tilleul. Londres, 1786, in-18.

19. — Œuvres du marquis de Villette sur papier nankin. Londres, 1786, in-18.

20. — Essai sur l'origine de la gravure, deux volumes in-8 avec vingt planches. Paris, 1808.

21. — Un modèle de presse en taille douce datant d'un siècle.

22. — Modèle de presse en fer, dite Stanhope.

23. — Un cadre renfermant un alphabet grotesque sur peau vélin tiré d'un antiphonaire.

M. J. AUDÉOUD.

DOCUMENTS RELATIFS A L'INQUISITION.

1. — Diplôme de familier du Saint-Office.
    Valladolid 1645.

2. — Diplôme de commissaire du Saint-Office.

Valladolid 1640.

3. — Diplôme de familier du Saint-Office, signé par les six inquisiteurs de Séville.

6 juillet 1638.

4. — Relation de l'auto-da-fé célébré à Madrid le 30 juin 1680.

Relation détaillée avec la liste et le jugement des victimes. — Imprimé par le Saint-Office.

BULLES DE PAPES.

5. — Bulle d'Alexandre III, 1179.

6. — Bulle de Jean XXII (de Cahors), 1318.

7. — Bulle d'Alexandre VI, Borgia, 1498.

DIVERS.

8. — Profesional des Augustins de Valladolid.

Volume en parchemin, de 1520 à 1604.

9. — Collection des armoiries des chevaliers de la Jarretière, sur parchemin. Fin du XVIᵉ siècle.

10. — Liber amicorum de Jean Millig de Nuremberg.

1580 à 1610.

11. — Ejecutoria (titre de noblesse) des familles Mendieta, Lopez de Monoyo et Rovina (1690).

12. — Ejecutoria (titre de noblesse) concédant le titre de marquis de la Isla, signée par Charles III d'Espagne. (1761.)

M. Germain BAPST.

Une vitrine plate.

LIVRES D'HEURES.

1. — Grandes heures de Simon Vostre, 1506, sur vélin, à l'usage de Châlons. — Ancienne reliure.

2. — Grandes heures de Gilles Hardoin, 1509, sur vélin, à l'usage de Rome.

3. — Grandes heures de Gilles Hardoin, 1511, sur papier, à l'usage de Rome.

4. — Petites heures de Philippe Pigouchet, 1502, sur vélin, à l'usage de Lyon. Exemplaire Didot.

5. — Moyennes heures de Thielman Kerver, 1504, sur vélin, à l'usage de Rome.

6. — Petites heures de Simon Vostre, à l'usage de Rome (vers 1488). Sur vélin. Exemplaire Didot, seul cité dans Brunet.

7. — Petites heures de Philippe Pigouchet, 1496, sur vélin, à l'usage de Rome, dans sa reliure de cuir gauffrée de l'époque, avec témoins.

Deuxième vitrine.

8. — Manipulus curatorum, imprimé à la marque de Denis Rosse. 1494. La reliure en cuir porte sur ses plats: « Jacobus Gavelt me ligavit. »

9. — Pomponius Mela à la marque de Gilles de Gourmont, 1507.

10. — Chroniques de Duguesclin, de Simon Arnoullet, Lyon, 1527. Exemplaire Oppinger, Revoil, prince d'Essling, Didot. — Reliure de Bauzonnet.

11. — Histoire du noble chevalier Pierre de Provence et de la belle Maguelonne. Exemplaire de Yemeniz, de Renard. — Reliure de Bauzonnet.

12. — Petites heures de l'année 1506, sur papier, à l'usage de Rome. — Reliure de Bauzonnet.

13. — Les signes du Zodiaque, d'après les dessins de Boticelli.

14. — Deux elzévirs. — Reliure mar. du Levant aux armes de Henry de Verneuil, fils naturel de Henri IV, exécutée par Boyet.

15. — Mémoires de Montrésor. Ancienne reliure. Signature de Seignelay, 1682.

16. — Psautier protestant. — Reliure très rare et très curieuse trois plats.

CORRESPONDANCE DE NAPOLÉON Ier

17. — Junot. Épreuve avant la lettre.

18. — Merlin, par Bonneville. — Colorié.

19. — Bataille des Pyramides, par Raffet. — Non terminée.

20. — Denon, par lui-même. — Eau-forte non terminée.

21. — Napoléon consul. — Avant la lettre.

22. — Les trois consuls coloriés. — Gravure du temps.

23. — Napoléon, par Desnoyers.

24. — Mme de la Vallette. Avant la lettre.

DIVERS

25. — Vases de Le Paute.

26. — Pouget. Traité des pierres précieuses et de la manière de les employer en parure (suivi de nombreux modèles de joaillerie).

27. — Les tableaux de la Révolution.

28. — L'amour à la mode.

29. — Le cardinal de Richelieu aux enfers.

30. — Vie secrète et politique de Robespierre.

31. — Éléments d'orfèvrerie de Pierre Germain.

Madame Jules BAPST.

Deux traités d'Æneas Silvius, qui fut pape sous le nom de Pie II. — Ms. sur vélin, in-4°, du temps de Louis XI, avec plusieurs belles miniatures de style français. — Relié par Trautz-Bauzonnet, aux armes de Monseigneur le duc d'Aumale, qui a donné ce volume à M. Armand Bertin.

M. BÉGIS.

Neuf volumes armoriés.

Madame Eugène BURNOUF.

1. — Dix feuillets d'un Ms. pali. Laque dorée sur olles.

2. — Une écritoire indienne renfermant l'encrier en argent, la cuillère à encre, le couteau et les ciseaux. Laque dorée sur bois. (Ceylan.)

3. — Une écritoire plus petite renfermant seulement des calames. Laque.

M. CHAIX D'EST-ANGE.

1. — Demosthenis opera, 1670. Reliure ancienne. Avec notes manuscrites de Jean Racine.

2. Jules César. Amsterdam, Dancel, 1665. Avec la signature de J. B. P. Molière.

3. — Cicéron. Édition des Aldes. Exemplaire annoté.

CHAMBRE DES DÉPUTÉS
(Bibliothèque de la).

1. — La Bible historiale, traduite et arrangée vers la fin du XIIIe siècle, par Guiard des Moulins, prêtre et chanoine de l'église d'Aire en Artois.

> Exemplaire du commencement du xve siècle, qui a appartenu à Marguerite d'Orléans, comtesse d'Étampes. Ms. sur parchemin, in-folio, avec peintures.

2. — Décades de Tite-Live, traduites en français et présentées à Jean, roi de France, par frère Pierre Bersuire, prieur de Saint-Éloi.

> Ms. sur parchemin, in-folio, orné de peintures, du xve siècle.

3. — Missel de l'abbaye de Saint-Claude.

> Ms. sur parchemin, in-folio, orné de peintures, de la fin du xve siècle.

4. — Première partie de la Nouvelle Héloïse.

> Exemplaire original, écrit par J.-J. Rousseau, pour la maréchale de Luxembourg, avec les dessins originaux de Gravelot.

M. A. CLAUDIN (Collection de).

HISTOIRE DE L'IMPRIMERIE
PAR LES MONUMENTS.

N. B. — Les lettres F et N qu'on trouvera à la suite de quelques numéros indiquent les articles extraits des collections de BENJAMIN FILLON, et d'un BIBLIOPHILE NORMAND, remises à M. A. CLAUDIN et dont un catalogue plus détaillé pour la vente aux enchères paraîtra prochainement.

INTRODUCTION.

Le livre manuscrit à l'époque de l'invention de l'imprimerie.

VITRINE I.

1. — Portulan de Gratioso Benincasa d'Ancône, daté de Rome, 1467.

> Recueil de cartes marines où se trouvent tracées les côtes du monde alors connu avec les noms des ports et des villes voisines. (F.)

2. — Histoires de Justin (en latin).

Très beau manuscrit du xvᵉ siècle sur vélin exécuté par ordre du cardinal Georges d'Amboise, archevêque de Rouen, pour sa bibliothèque du château de Gaillon. Les armes de ce prélat sont peintes en miniature sur la première page. (N.)

3. — Macrobe (en latin).

Superbe manuscrit du xvᵉ siècle, sur vélin, d'origine italienne, avec bordures peintes en camaïeu. (F.)

4. — Satires de Juvénal (en latin), avec commentaire.

Très beau manuscrit du xvᵉ siècle sur vélin, avec miniatures, exécuté par Pierre Doriol, chancelier du roi Louis XI.

HISTOIRE GÉNÉRALE DE L'IMPRIMERIE.

5. — Bible des Pauvres.

Impression xylographique exécutée dans les Pays-Bas (Première moitié du xvᵉ siècle). (F.)

6. — Saint Augustin. Art de prêcher (en latin). Premier livre, avec préface au lecteur.

Imprimé à Strasbourg, par J. Mentelin, vers 1465.

7. — Manuel des confesseurs, par Antonin, archevêque de Florence (en latin).

Imprimé à Mayence, par J. Fust, vers 1467 ou 1468. (F.)

8. — Les livres sur la vie chrétienne et sur les clercs de Saint Augustin (en latin).

Imprimés à Cologne, par Ulric Zell et datés de 1467. (F.)

9. — La somme de Jean de Ausbach sur les sacrements (en latin).

Imprimée à Augsbourg, par Gunther Zainer et datée de 1469. (F.)

10. — Mamotrectus ou Dictionnaire de la Bible (en latin).

Imprimé à Mayence, par P. Schoyfer, et daté de 1470. (F.)

11. — Sermon sur la Vierge (en latin).

Premier livre imprimé avec pagination. Les chiffres sont placés au milieu de la page sur le côté droit. Imprimé à Cologne, par Arnold Terhoernen et daté de 1470.

12. — La Cité de Dieu, par saint Augustin (en latin).

Imprimée à Venise en 1470, par Jean et Vindelin de Spire, frères. (F.)

13. — Tacite (en latin). Première édition de cet historien.

Elle est imprimée à Venise, par l'un des frères de Spire. — Suivant les uns, ce volume daterait de 1468, mais il est plus probable qu'il n'a vu le jour qu'en 1470, après le saint Augustin. — C'est le premier livre imprimé où l'on trouve des mots de rappel ou réclames au bas des pages. (F.)

14. — Histoire romaine de Suétone (en latin).

Imprimée à Venise en 1471, par le Français Nicolas Jenson. Dès 1458, Nicolas Jenson, graveur de la monnaie de Tours, avait été envoyé à Mayence par le roi Charles VII pour y surprendre le secret de l'invention de l'imprimerie. (F.)

14 *bis*. — Méditation sur la Passion (en italien).

Imprimée à Venise en 1483, par un autre imprimeur français, Pierre Maufer, originaire de Rouen.

VITRINE II.

15. — Raban Maur (en latin).

Imprimé à Strasbourg, vers 1467. (F.)

16. — Lettres de saint Jérôme (en latin).

Imprimé à Strasbourg, par J. Mentelin, vers 1468. (F.)

17. — Décrétales de Gratien.

Imprimées à Strasbourg en 1473, par Henri Eggestein. — Magnifique spécimen d'impression strasbourgeoise, avec la première page peinte en miniature à l'imitation des manuscrits. (F.)

18. — Œuvres philosophiques de Cicéron (en latin).

Imprimées à Rome, par Sweynheim et Pannartz en 1471 (F.)

19. — Œuvres d'Ovide (en latin).

Imprimées à Venise en 1474, par Jacques le Rouge, typographe, d'origine française.

20. — Martial (en latin).

Imprimé à Venise, par Jean de Cologne en 1475.

21. — Histoires de Justin (en latin).

Imprimées à Venise en 1479, par Jean de Piétro. Très belle édition. — La première page est décorée d'une bordure peinte en miniature.

22. — Histoire de Quinte-Curce (en latin).

Imprimée à Milan en 1481, par Antonio Zaroti. La première page est ornée d'une bordure peinte semblable à celle du volume précédent.

23. — Divers traités de Platon, traduits en latin, par Marsile Ficin.

Imprimés à Florence vers 1483, dans le monastère de Saint-Jacques de Ripoli, par le typographe Lorenzo, de Venise.

Vitrine III.

24. — Géographie de Berlinghieri en vers italiens.

Imprimée à Florence vers 1480 par le typographe Nicolas, de Breslau. — Un des plus anciens livres imprimés avec planches en taille-douce, et suivant M. B. Fillon, cet ouvrage, qui aurait même précédé le Ptolémée de 1477, serait le premier avec des cartes géographiques gravées sur métal. **(F.)**

25. — Géographie de Ptolémée (en latin).

Imprimée à Ulm en 1482 par Léonard Hol, avec cartes gravées sur bois par Jean Schnitzer de Armssheim. **(F.)**

26. — Sermons de saint Jean Chrysostome (en latin).

Imprimés en 1483 à Memmingen par le typographe Albert Künne de Duderstadt.

27. — Fleur des vies des saints (en latin).

Imprimé à Strasbourg en 1487 par J. Prüss.

28. — La Nef des fous (en latin).

Imprimée à Bâle par J. Bergman de Olpe en 1497, avec figures sur bois satiriques et grotesques.

29. — Songe de Poliphile (en latin). Première édition.

Imprimé à Venise par Alde Manuce en 1499. **(F.)**

30. — Heures sur vélin.

Imprimées à Paris, par Pigouchet vers 1500, avec bordures gravées représentant la Danse des Morts. **(N.)**

31. — Grandes heures de la Vierge.

Imprimées à Paris vers 1508 pour Simon Vostre, avec illustrations et gravures sur bois. **(F.)**

32. — Ouvrage sur la contrition (en latin).

Imprimé à Saluces en Piémont en 1503, par des imprimeurs français, les frères Le Signerre, originaires de Rouen.

33. — Spécimen imprimé de caractères gothiques gravés et fondus à Venise, employés à Nuremberg en 1515 par Balth. Schleiffer.

34. — Heures de la Vierge (en latin).

Imprimées sur vélin, à Paris vers 1520, par Gilles Hardouin, avec figures sur bois peintes en miniature, à l'imitation des manuscrits. **(F.)**

35. — Heures de la Vierge.

> Imprimées à Paris en 1527, par Simon du Bois, pour Geofroy Tory, de Bourges. (F.)

36. — Heures de la Vierge (en latin).

> Imprimées à Paris en 1543, par Simon de Colines. (F.)

37. — Horace (en latin).

> Édition de Venise, imprimée par les Alde en 1527.

38. — Anacréon en grec et en latin.

> Imprimé par Rob. Estienne en 1556.

39. — Figures de la Bible, gravées par Hans Sebald Beham.

> Imprimées à Francfort vers 1540. (F.)

40. — Les Images de la mort (en latin).

> Imprimées à Lyon en 1542, par les frères Frellon, avec figures gravées sur bois d'après les dessins d'Holbein. (F.)

41. — Décaméron de Boccace. Première édition de la traduction française d'Antoine Le Maçon.

> Imprimée à Paris en 1545 pour Pierre Roffet. (F.)

42. — Entrée du roi Henri II à Paris, avec figures sur bois attribuées à Geofroi Tory ou avec plus de raison à Jean Cousin.

> Imprimé à Paris, en 1549, pour Pierre Roffet.

43. — Spécimen des premiers caractères de l'Imprimerie royale du Louvre. Œuvres de Plutarque en grec et en latin.

> Imprimées en 1624. — Exemplaire avec la signature de *Racine*.

44. — Autre spécimen de l'Imprimerie royale. Suétone (en latin).

> Imprimé en 1644. Exemplaire relié en mar. rouge ancien, aux insignes du roi Louis XIV.

45. — Spécimen de la typographie des Elsevier de Hollande. Aphtonius (en latin).

> Imprimé dans leur atelier d'Amsterdam en 1655.

46. — Livre imprimé à Pékin par les missionnaires jésuites en 1716.

> Le texte est entièrement gravé sur des planches de bois et tiré sur papier de Chine.

47. — Grammaire turque.

> Livre français imprimé à Constantinople en 1730.

48. — Petits traités de Cicéron (en latin).

Imprimés à Paris, par Barbou en 1771.

HISTOIRE DE L'IMPRIMERIE PAR LES MONUMENTS.

EXPOSITION MURALE PAR ORDRE CHRONOLOGIQUE

(Documents renfermés dans des tableaux encadrés).

PREMIERS ESSAIS DE L'ART D'IMPRIMER.

49. — (Cadre n° 1.) Première moitié du xv⁵ siècle. Bible en figures dite : Bible des pauvres. Premier tirage. Impression sur planches de bois fixes. Les deux dernières pages originales, coloriage du temps.

Année 1455. Bulle ou billet d'indulgence (en latin), imprimée sur vélin, d'un seul côté, en caractères mobiles de fonte, par J. Gutenberg, à Mayence.

50. — (Cadre n° 2.) 1460. *Catholicon* ou dictionnaire de Jean Balbi, de Gênes (en latin), imprimé à Mayence par J. Gutenberg. — Premiers et derniers feuillets originaux.

51. — (Cadre n° 3.) 1462. Bible latine, imprimée à Mayence par Fust et Schoyfer. Première Bible imprimée avec date. Deux feuilles originales.

52. — (Cadre n° 4). Manifeste de Diether d'Isembourg, archevêque-électeur de Mayence. Placard affiche imprimé par Fust et Schoyfer et daté de 1462.

53. — (Cadre n° 5.) 1470 à 1480. Spécimens de Sweynheim et Pannartz, premiers imprimeurs de Rome, datés de 1470 ; Ulrich Han, imprimeur à Rome, vers la même époque, signé des initiales IA. RU. (*Jacobus Rubeus*), c'est-à-dire *Jacques le Rouge*, proto de l'atelier ; Berthold Ruppel, de Hanau, premier imprimeur de Bâle et ancien ouvrier de Gutenberg ; Jean de Westphalie, imprimeur à Louvain.

PARIS.

54. (Cadre n° 6.) xv⁵ siècle. Spécimens d'Ulrich Gering, premier imprimeur ; Cesaris et Stoll, seconds imprimeurs. — Spécimens avec marques de : P. Levet, Johan Lambert, Michel Tholose. — Spécimen des premiers livres d'heures illustrés : deux pages des petites heures de Vérard, 1488.

55. — (Cadre n° 7.) Impressions du xv⁵ siècle. Spécimens des impressions d'Ulrich Gering, le premier imprimeur de Paris (Devoirs

des prêtres, pièce en vers latins) ; — Cesaris et Stoll, les seconds imprimeurs de Paris (Méditations de saint Bernard) ; — Marques et spécimens d'impression de : P. Levet, Jehan Lambert, Michel Toulouse. — Spécimen des premiers livres d'heures illustrés : deux feuillets des « Petites heures », imprimées à Paris pour Antoine Vérard, en 1488.

56. — (Cadre nº 8.) Impressions de la première moitié du XVIᵉ siècle. Spécimens d'impressions de : B. Remboldt, le successeur d'Ulrich Gering ; Gilles de Gourmont, le premier imprimeur parisien en langue grecque ; Henri Étienne (premier du nom) ; Wolfgang Hopyl ; P. Gaudoul ; Hémon Le Fèvre. — Spécimens de marques typographiques et de gravures sur bois exécutées pour Jehan Petit, François Regnault, Guillaume Eustace, etc.

57. — (Cadre nº 9). Impressions de la seconde moitié du XVIᵉ siècle. Spécimens de : Simon de Colines ; Wechel (Catalogue de ses livres de fonds) ; Henri Estienne ; Denis Du Pré ; Benoist Prévost, etc. — Spécimens de caractères de civilité, de livres d'heures avec figures et bordures au trait, non ombrées dans le style de Geofroi Tory.

LYON.

58. — (Cadre nº 10.) Spécimens de : Guillaume Le Roy, originaire de Liège, le premier imprimeur de Lyon ; Nicolas Philippe de Bensheim et Marc Reinhart, de Strasbourg, associés, les seconds imprimeurs de Lyon ; Mathieu Husz ; Jean Trechsel ; etc.

59. — (Cadre nº 11.) Impressions de la première moitié du XVIᵉ siècle. Spécimens de : Jacq. Myt ; J. Clein ; J. Frellon ; Séb. Gryphe, etc.

60. — (Cadre nº 12.) Impressions de la seconde moitié du XVIᵉ siècle. Spécimens avec titres ornés et gravures sur bois de : J. de Tournes ; G. Roville, etc

IMPRESSIONS DES PROVINCES DE FRANCE.

PHOTOGRAPHIES
OU FAC-SIMILÉS DE LIVRES EXTRÊMEMENT RARES
OU D'EXEMPLAIRES A PEU PRÈS UNIQUES.

61. — (Cadre nº 13.) Impressions du XVᵉ siècle en Dauphiné. Photographies des premiers livres imprimés à Vienne (1478-79). — Décalque du premier livre imprimé à Grenoble (1491).

62. — (Cadre nº 14.) Impressions du XVᵉ siècle en Languedoc.

Fac-similés des premiers livres imprimés à Albi vers 1481. Photographie d'une impression de Toulouse, 1481.

63. — (Cadre n° 15.) Impressions du xv° siècle en Franche-Comté. Photographie du premier livre imprimé à Salins (1485) et des deux premiers livres imprimés à Besançon (1487).

64. — (Cadre n° 16.) Photographies des livres imprimés par les Le Rouge, à Châblis, en 1478, 1482 et 1489 et à Troyes en 1483. Photographie du premier livre imprimé à Provins (1496).

65. — (Cadre n° 17.) Impressions de Bretagne et de Normandie au xv° siècle. Photographies de livres imprimés à Bréhan-Loudéac, 1485; l'abbaye de Lantenac (1487). — Photographies des premiers livres imprimés à Caen (1480); Rouen (1487); Goupillières près Rouen (1491).

66. — (Cadre n° 18.) Impressions du xv° siècle dans l'Ouest de la France. Photographies des premiers livres imprimés à Angers (1476); Poitiers (1479); Angoulême (1491-93), etc.

67. — (Cadre n° 19). Photographies des premiers livres imprimés à l'abbaye de Cluny (1493); Avignon (1497); Arles (1501); Sisteron (1513).

68. — (Cadre n° 20). Portraits présumés des inventeurs de l'imprimerie : J. Gutenberg; Laurent Coster; Jean Fust; Jean Mentelin. — Dissertation de Rothscholz sur l'imprimerie (en latin) 1727. L'excellence de l'imprimerie, par Thiboust, imprimeur et fondeur en caractères, éditions de 1717 et 1754. Gravure sur bois du xvi° siècle, représentant la presse et l'atelier de Josse Bade, imprimeur à Paris, vers 1510.

ANNEXE A L'HISTOIRE GÉNÉRALE DE L'IMPRIMERIE.

(Entre les cadres 6 et 7 dans la bibliothèque-vitrine, rayon du haut.)

69. — Deux volumes de Vincent de Beauvais (en latin); édition sortie de l'imprimerie particulière du monastère des saints Ulrich et Afre, à Augsbourg. Exemplaire avec une note du temps, indiquant que Michel de Stanheim, abbé du monastère, mourut pendant le cours de l'impression commencée sous ses auspices et que l'édition fut achevée par son successeur. — Planche originale gravée d'anciennes cartes à jouer du xviii° siècle; avec deux épreuves.

(Dans des cadres en travers près de la porte d'entrée.)

70. — (Cadre n° 1). *Pendant la Fronde.* Spécimens d'impressions

faites de 1649 à 1652, pendant les troubles, à Saint-Germain, Compiègne et Pontoise. — Chanson de la ville de Paris, placard ou pièce volante.

71. — (Cadre nᵒ 2). *Époque de la Révolution.* Imprimerie de la République; Imprimerie nationale de Saint-Cloud; Imprimerie royale de Maulévrier (suivant l'armée vendéenne); imprimerie du camp royaliste de Jalès; presse de l'institut national des aveugles travailleurs; imprimeries de Corbeil; Mer; Bourbonne; Remiremont; Avallon; Semur; Saint-Claude, etc.

72. — (Cadre nᵒ 3). *Diverses impressions des provinces de France.* Spécimens de livres imprimés à : Abbeville (Les Neuf-Preux, 1489); du premier livre imprimé à Meaux par Simon de Colines; livres imprimés à Melun, en 1593; à Honfleur, en 1606; à Évreux, en 1600; à Maillé, en 1620, etc.

HISTOIRE DE L'IMPRIMERIE DANS LES VILLES DE FRANCE
PARIS ET LYON

vitrine à deux faces en forme de pupitre au milieu de la salle).

PARIS.

72 bis. — (Impressions du xvᵉ siècle). Impressions des trois premiers imprimeurs de Paris appelés par la Sorbonne; Martin Crantz, Ulrich Gering et Michel Friburger, associés. Impressions d'Ulrich Gering, seul. Impressions de Pierre de Cesaris et Jean Stoll, les seconds imprimeurs de Paris, élèves des précédents. Impressions de Jean Bon homme; J. Du Pré; Georges Wolff; Guyot Marchand; Antoine Cayllaut; Étienne Baligaut; Pierre Levet; Antoine Denydel; B. Remboldt; G. Mittelhus; Th. Kerver, etc.

LYON.

73. — (Impressions du xvᵉ siècle.) Impressions de Guillaume Le Roy et de Barthélemy Buyer, les premiers imprimeurs de Lyon; Nicolas Philippe de Bensheim et Marc Reinhart de Strasbourg, les seconds imprimeurs de Lyon; Pierre le Hongrois; Sixte Glockengieser, de Nordlingen; Jean du Pré; Guillaume Balsarin; Mathieu Husz; Jean Trechsel; Jean Fabri; J. de Vingle; etc. — Caractères d'impri-

merie trouvés dans le lit de la Saône à Lyon et ayant servi aux premières impressions de cette ville.

HISTOIRE DE L'IMPRIMERIE DANS LES VILLES DE FRANCE

(Dans deux grandes bibliothèques-vitrines).

N. B. — Les impressions sont classées dans ce catalogue par ordre alphabétique
de villes. — Il n'a pas été possible de suivre le même ordre dans le rangement
matériel qui a été fait autant que possible tantôt par groupes et tantôt par régions,
dans les vitrines.

ABBEVILLE.

Pierre GÉRARD, imprimeur.

74. — 1486. Somme rurale de Jehan Boutillier.
Premier livre imprimé à Abbeville.

AGEN.

Antoine REBUL, imprimeur.

75. — 1545. Poésies italiennes de Bandello, évêque d'Agen.
Premier livre imprimé à Agen, en Guienne.

ALBI.

Johann NEUMEISTER, imprimeur.
76. — 1481. Méditations du cardinal de Torquemada (en latin).
M. Claudin.

Premier livre avec figures sur métal (étain ou métal d'imprimerie) qui ait été imprimé en France. C'est aussi le premier
livre avec date certaine imprimé à Albi en Languedoc.

ALENÇON.

Louis HEBERT, imprimeur.

77. — 1625. Petit dictionnaire poétique à l'usage des écoliers
(en latin).

AMBOISE.

Jérôme LÉGIER, imprimeur.

78. — 1746. La Civilité qui se pratique en France parmi les honnêtes gens.

Premier livre imprimé à Amboise, en Touraine.

ANDELY.

79. — 1775. Étrennes de Jean à Nicolas.

ANGERS.

Jean DE LA TOUR, imprimeur.

80. — 1495. Le Manuel des Curés, par Guy de Montrocher (en latin).

> Un des très rares livres imprimés à Angers au xve siècle. — L'imprimerie angevine est très ancienne. Elle remonte à 1476 (1477, nouveau style); ce premier établissement fonctionna d'abord pendant deux ou trois ans, mais paraît avoir subi une interruption d'une quinzaine d'années, jusqu'au moment où paraissent le présent volume et le suivant.

81. — 1495 environ. Ordonnances royaux et stile et usages de procéder ès pays d'Anjou et du Maine.

> Autre volume imprimé à Angers, sans date, et antérieur peut-être d'une année au Manuel des curés. Il est imprimé par le même typographe, Jean de la Tour, dont on voit la marque parlante, avec ces mots au-dessous : « Hardie, volante ».

ANGOULÊME.

Olivier DE MINIÈRES, imprimeur.

82. — 1586. Coutumes du Poitou.

ANNECY.

François POMAR, imprimeur.

83. — 1556. Bréviaire de Genève (en latin).

Jacques BERTRAND, imprimeur.

84. — 1576. Claude de Battandier. Des enfants, des parents et des frères, en matière de succession légitime, traité en latin.

AUCH.

Imprimeur anonyme.

85. — 1597. Traité parénétique auquel se montre le droit chemin et vrai moyen de résister à l'effort du Castillan par I. D. Dralymont (pseudonyme d'Antonio Perez).

Un des plus anciens livres imprimés à Auch, en Gascogne.

AURILLAC.

Ant. VIALLANES, imprimeur.

86. — 1784. La Philippide, poëme par de Vixouze.

AVIGNON.

Dominique ANSELME, imprimeur.

87. — 1500. Traités de droit d'Odofredi, de Benévent (en latin).

Un des premiers livres imprimés à Avignon (l'imprimerie date à Avignon de 1497) et peut-être le plus rare que l'on puisse voir. On n'en connaît aucun exemplaire en France. Le seul exemplaire cité (outre celui-ci) se trouve dans une bibliothèque d'Allemagne et des biblographies ont révoqué en doute son existence. — Ce précieux volume, un des monuments de la typographie avignonnaise, porte à la fin la marque inédite de l'imprimeur avec sa devise : « *Espoir en Dieu.* »

Georges SERRA, imprimeur.

88. — 1502. Lettres de Sénèque (en latin).

Livre non moins rare que le précédent et dont on ne connaît guère que deux exemplaires.

Jehan DE CHANNEY, imprimeur.

89. — 1522. Traité de la Peste (en latin), par Jean François de Saint-Nazaire.

90. — 1525. Introduction à la langue grecque (en latin), suivie d'un dictionnaire grec-latin.

Premier livre grec imprimé en province.

91. — 1527. Traités de droit de Jehan François de Saint-Nazaire, dit de Ripa (en latin).

Pierre ROUX et Jean TREMBLAY, imprimeurs.

92. — 1558. Statuts du comtat Venaissin par Vasquin Philieul.

BEAUJEU.

Imprimerie particulière du chanoine Guillaume PARADIN, dirigée par les frères GARILS, ses neveux.

93. — 1565. La Concorde publique.

> Livre extrêmement rare. Selon toute probabilité, le matériel typographique a été fourni par Antoine Gryphe, de Lyon, chez lequel Paradin fit imprimer son grand ouvrage des *Annales de Bourgogne*. L'imprimerie de Beaujeu cessa de fonctionner après la mort de Paradin, arrivée en 1568.

BEAUNE.

François SIMONNOT, imprimeur.

94. — 1659. Réglemens de la Chambre des Pauvres de la ville de Beaune.

> Premier livre imprimé à Beaune, en Bourgogne.

BERGERAC.

Gilbert VERNOY, imprimeur.

95. — 1611. Catulle, Tibulle et Properce (en latin).

> Les livres imprimés à Bergerac, place forte des protestants dans le Bordelais avant la révocation de l'édit de Nantes, se rencontrent très rarement. — L'imprimeur Gilbert Vernoy exerça à Bordeaux.

BERRIAS.

François ANIEU, imprimeur.

96. — 1740. Le Roman de Jean de Paris.

> Premier et seul livre imprimé à Berrias, bourg de 1,200 habitants, près de Largentière dans l'ancien Languedoc, aujourd'hui dans le département de l'Ardèche.

BETHARAM.

René LAVOIR, imprimeur.

97. — 1648. P. de Marca. Traité des Merveilles opérées en la Chapelle de Notre-Dame du Calvaire de Betharam.

> Plusieurs bibliographes, M. Brunet entre autres, ont cru que ce nom de Betharam était imaginaire. Betharam est un lieu de pèlerinage dans l'ancien Béarn, près de Pau. Une imprimerie a fonctionné dans une des dépendances du couvent pour imprimer les livres de dévotion à l'usage des pèlerins.

BLOIS.

Julian ANGELIER, imprimeur.

98. — 1556. Coutume de Blois, commentée par Denis Dupont (en latin).

> Un des premiers livres imprimés à Blois.

Barthélemy GOMET, imprimeur.

99. — 1580. Coutumes de Blois.

> Gomet est le second imprimeur de Blois.

Jamet METTAYER, imprimeur pendant la Session des États.

100. — 1589. Harangue faite aux États tenus à Bloys.

> Jamet Mettayer était imprimeur à Paris. Il fonda une succursale à Blois et à Tours pendant les troubles de la Ligue.

BORDEAUX.

Jehan GUYART, imprimeur.

101. — 1538. Nouvelles ordonnances touchant les juridictions des baillifs.

> Un des premiers livres imprimés à Bordeaux.

BOURGES.

Pierre BOUCHIER, imprimeur.

102. — 1572. Alphabet grec à l'usage des écoliers.

Germain LAUVERJAT, imprimeur.

103. — 1587. Le Conciliateur de J. Mercier (en latin).

BOURG-EN-BRESSE.

Jean TAINTURIER, imprimeur.

104. — 1626. Poésies latines en l'honneur de la Vierge, par Claude-Gaspard Bachet de Méziriac, l'un des quarante premiers de l'Académie française.

Un des premiers livres imprimés à Bourg-en-Bresse.

BREST.

Veuve MALASSIS et R. MALASSIS, imprimeurs.

105. — Vers 1695. Exercice des manœuvres qui se font à la mer.

Un des premiers livres imprimés à Brest.

CAEN.

Imprimeur anonyme, mais très probablement Laurent HOSTINGUE.

106. — 1512 environ. Le Guide des curés de paroisse (en latin), par Michel Lochmaier.

Jacques LE BAS, imprimeur.

107. — 1592. Prières chrétiennes (en latin), par Charles Posthal, conseiller au Parlement de Normandie.

> Jacques le Bas était protestant. Il avait exercé précédemment à Saint-Lô, conjointement avec Thomas Bouchard. A Caen, il s'intitule imprimeur du roi Henri IV qui n'avait pas encore abjuré. — Le présent volume porte la même marque de la vigne du Seigneur qu'on voit sur la première impression de Saint-Lô (voir l'article Saint-Lô).

CAHORS.

Jacques ROUSSEAU, imprimeur.

108. — 1586. Discours des choses mémorables advenues à Ca-

hors et pays de Quercy en 1428, extrait des annales consulaires de Cahors.

Un des premiers livres imprimés à Cahors.

CAMBRAI.

Imprimeur anonyme, mais probablement Bonaventure

109. — 1518. Rudiments de la grammaire (en latin).

Premier livre imprimé à Cambrai, antérieur de cinq années au *Voyage de Jacques le Sage*, imprimé en 1523, dans la même ville, et qui a toujours passé pour être le premier livre imprimé à Cambrai. Livre non cité par les bibliographes. Seul exemplaire connu jusqu'à ce jour.

CARPENTRAS.

Dominique LABARRE, imprimeur.

110. — 1694. Le portefeuille de M. L. de F***.

Premier livre imprimé à Carpentras

CASTRES.

Pierre FABRY, imprimeur.

111. — 1605. Réponse au libelle de P. Sapets, par J. Josion, ministre.

Un des premiers livres imprimés à Castres. L'imprimerie appartenait à la municipalité.

112. — 1610. Liquidation des quartes, légitimes, etc., pouvant servir en toutes les provinces de ce royaume.

Le matériel de l'imprimerie de Castres provenait du château de Vennès. Cette imprimerie particulière avait été créée par Colomiez, de Toulouse, sur l'ordre et aux frais du châtelain de l'endroit. (Voir l'article Vennès).

CAVAILLON.

Esprit-Joseph ROUSSET, imprimeur.

113. — 1743. Constitutions de l'abbaye de Saint-Benoît de Cavaillon.

Un des plus anciens, sinon le premier livre imprimé à Cavaillon, petite ville du Vaucluse.

CHALON-SUR-SAONE.

Jean DES PREZ, imprimeur.

114. — 1604. Privilèges de Chalon-sur-Saône.

Premier livre imprimé à Chalon-sur-Saône. L'imprimeur Jean des Prez, avait précédemment exercé à Langres. (Voir l'article: *Langres*).

CHAMBÉRY.

Antoine NEYRET, imprimeur.

115. — 1485. Le livre de bonne vie qui est appelé Mandevie par Jehan Dupin.

Un des premiers livres imprimés à Chambéry, en Savoie, le plus ancien connu étant de l'année précédente (1484). — L'imprimeur Antoine Neyret paraît avoir été en même temps graveur sur bois, plusieurs lettres historiées de ce volume, qui sont gravées sur bois, portent son monogramme.

CHARLEVILLE.

Hubert RAOULT, imprimeur.

116. — 1631. Constitutions des religieuses et chanoinesses du Saint-Sépulcre.

Un des premiers livres imprimés à Charleville, dans les Ardennes.

CHATEAU-GONTIER.

Joseph GENTIL, imprimeur.

117. — 1714. Entretiens sur la rage et ses remèdes, par Hunauld.

Premier livre imprimé à Château-Gontier.

118. — 1715. Dissertation apologétique sur l'apparition miraculeuse de Jésus-Christ en la paroisse des Ulmes-de-Saint-Florent, près Saumur, le 2 juin 1668.

119. — 1733. Coutume d'Anjou.

L'imprimerie de Château-Gontier, qui avait honorablement fonctionné pendant plus de vingt ans, fut supprimée en 1739 par arrêt du Conseil.

CHATELLERAULT.

P.-J.-B. GUIMBERT, imprimeur.

120. — 1790. Description topographique du district de Châtellerault.

Un des premiers livres imprimés à Châtellerault, département de la Vienne.

CHATILLON-SUR-SEINE.

Pierre LAYMERÉ, imprimeur.

121. — 1677. La Science civilisée ou dépaysée des Écoles d'Athènes, par Dom Louis Micault.

Un des plus anciens livres imprimés à Châtillon-sur-Seine.

Philippe MARTERET, imprimeur.

122. — 1717. Le Martyre de sainte Reine; tragédie.

CHAUMONT-EN-BASSIGNY·

Quentin MARESCHAL, imprimeur.

123. — 1598. Modèles, artifices de feu et divers instruments de guerre, avec les moyens de s'en prévaloir pour assiéger, battre, surprendre et défendre toutes places, par Joseph Boillot, Langrois.

Premier livre imprimé à Chaumont (Haute-Marne). Les figures en taille-douce sont gravées par l'auteur, Joseph Boillot.

CLERLIEU-LEZ-NANCY.

Jean SAVINE, imprimeur.

124. — 1609. Discours des cérémonies et pompe funèbre de Charles III, de Lorraine, par Claude de la Ruelle.

Une imprimerie particulière fut établie dans une des dépendances de l'abbaye de Clerlieu. Jean Savine avait d'abord exercé à Sens, à Auxerre, à l'abbaye de Cîteaux, près Dijon. Il termina sa carrière de typographe en Lorraine, à Clerlieu, abbaye Cistercienne.

COLMAR.

Armand FARCALL, imprimeur.

125. — 1523. Hérodien (traduit en latin par Ange Politien).
Un des premiers livres imprimés à Colmar.

CONDOM.

Timothée GAYAU, imprimeur.

126. — 1690. Propre des Saints de la Cathédrale de Condom (en latin).
Un des premiers livres imprimés à Condom (Gers).

COUTANCES.

Jean Le CARTEL, imprimeur.

127. — 1605. Antiquités, fondations et singularités des plus célèbres villes et châteaux de France, par Fr. des Rues.
Un des premiers livres imprimés à Coutances, en Normandie.

CRÈCHES (près Mâcon).

Paul MIRAILLET, imprimeur.

128. — 1567. Le Compost arithmétical de Guillaume de la Tayssonnière, gentilhomme Dombois.
Premier et seul livre imprimé à Crèches, petit bourg du Mâconnais. Le titre porte la marque de Paul Miraillet, qui avait exercé précédemment à Lyon. — Seul exemplaire connu.

CUBURIEN (Couvent de).

Imprimerie particulière de F. DE CHEFFONTAINES, Prieur.

129. — 1575. Légende de Saint-François (en latin).
Cuburien est situé près de Morlaix, en remontant une petite rivière.

DIE EN DAUPHINÉ.

Jean-Rodolphe LE FÈVRE, imprimeur.

130. — 1613. Épigrammes d'Owen (en latin).

Un des premiers livres imprimés à Die en Dauphiné, siège d'une académie protestante.

DIEPPE.

Nicolas ACHER, imprimeur.

131. — 1623. Anatomie française, par Théophile Gelée, médecin de la ville de Dieppe.

Premier livre imprimé à Dieppe.

132. — 1628. Anatomie de Théophile Gelée (2ᵉ édition).

Second livre imprimé à Dieppe.

Nicolas DUBUC, imprimeur et graveur.

133. — 1669. Tables de la déclinaison du soleil, par G. Denys.

DIEUZE.

J.-J. LAMBELET, imprimeur.

134. — 1785. Désordres de l'Amour, par Ponci de Neuville.

Un des plus anciens livres imprimés à Dieuze, en Lorraine.

DIJON.

Pierre METLINGER, d'Augsbourg, imprimeur.

135. — 1491. Privilèges de l'Ordre de Citeaux (en latin).

Premier livre imprimé à Dijon.

Pierre GRANGIER, imprimeur.

136. — 1539. Coutumes générales du duché de Bourgogne.

DOUÉ.

Firmin RUFFIN, imprimeur.

137. — 1620. Le Rabelais réformé.

Premier et seul livre imprimé à Doué en Anjou, petite ville qui possédait au XVIIᵉ siècle un collège de Jésuites.

FONTENAY-LE-COMTE.

Pierre PETITJEAN, imprimeur.

138. — 1643. Mémoires pour servir à l'histoire, tirez du cabinet de messire Léon du Chastelier-Barlot.

Un des premiers livres imprimés à Fontenay (Vendée).

GAILLON.

Henry ESTIENNE, troisième du nom, imprimeur.

139. — 1641. Observations historiques et théologiques sur l'Épître de saint Paul aux Romains.

L'imprimerie particulière du château de Gaillon fonctionna pendant près de vingt ans. François de Harlay, archevêque de Rouen, son fondateur, avait aussi une succursale de cette imprimerie à sa maison de campagne de Pontoise (voir l'article *Pontoise*), et un autre établissement typographique dans son palais même à Rouen (voir l'article *Rouen*).

140. — 1640. Conférences du sacrifice de la messe, par François de Harlay, archevesque de Rouen.

GEX.

Balthazar LABBÉ et Jean DUPRÉ, imprimeurs.

141. — 1609. Dictionnaire historique, géographique et poétique (en latin).

Premier livre imprimé à Gex (Ain).

GRAY.

François COUAD, imprimeur.

142. — 1740. Statuts et règlements de police de la ville de Gray.

Un des premiers livres imprimés à Gray en Franche-Comté.

HAGUENAU.

Henri GRAN, imprimeur.

143. — 1498. Le Manuel des curés, par Michel Lochmaier, de Passau (en latin).

Un des premiers livres imprimés à Haguenau, en Alsace.

HESDIN.

Bauldrain DACQUIN, imprimeur.

144. — 1512. Agrégatoire des coutumes d'Artois.

Premier livre imprimé à Hesdin et dans l'ancienne province d'Artois.

145. — 1518. Dévote contemplation sur le mistère de nostre redemption, par le chanoine Jean de Lacu.

Troisième et dernière impression de Hesdin (la seconde est une réimpression de l'*Agrégatoire des Coutumes*, faite en 1517). Seul exemplaire connu. — Quelques années plus tard, Hesdin eut à subir divers sièges, et, finalement, fut détruit de fond en comble et rasé comme la ville de Thérouanne. La ville actuelle d'Hesdin n'a pas été rebâtie sur l'emplacement de l'ancien Hesdin, où ont été imprimés ces vénérables monuments de la typographie artésienne.

JOINVILLE.

Jean-Baptiste MONNOYER, imprimeur.

146. — 1729. Introduction à la Rhétorique, par Brulon de Saint-Remy.

Un des premiers livres imprimés à Joinville (Haute-Marne). — L'imprimeur Monnoyer était originaire de Lille. Le duc d'Orléans, Régent, le fit venir en 1720, pour monter un établissement typographique à Joinville. Son gendre, Jean-Baptiste Degaulle, lui succéda.

JONZAC.

Jérôme MARAN, imprimeur.

147. — 1612. L'Armageddon de la Babylone apocalyptique, par Jean Welsch, ministre en l'église de Jonzac, en Saintonge.

Premier livre imprimé à Jonzac, en Saintonge. — L'imprimeur Jérôme Maran exerça ensuite à Sainte-Foy (voir l'article *Sainte Foy*).

LA CORRERIE.

(Imprimerie particulière de la Grande-Chartreuse, près Grenoble.)

Laurens GILIBERT, imprimeur.

148. — 1683. Statuts de l'ordre des Chartreux.

LA FERTÉ-SOUS-JOUARRE.

(Anciennement La Ferté-au-Col.)

François CHAYER, imprimeur.

149. — 1647. Les mystères de notre rédemption, poëme par Th. des Hayons.

> Premier et seul livre imprimé à la Ferté-sous-Jouarre. — L'imprimeur Fr. Chayer était protestant, et exerça aussi à Sedan.

LA FORÊT-SUR-SÈVRE.

Jean BUREAU, imprimeur.

149 *bis*. — 1624. Testament et codicille de Philippe de Mornay.

LA FLÈCHE.

Jacques REZÉ, imprimeur

150. — 1606. Nullité de la religion prétendue réformée.
> L'imprimeur Jacq. Rezé avait un établissement à Paris.

LAMBALLE.

BOUREL, imprimeur.

151. — 1795. L'Armorique littéraire ou notices sur les hommes de la ci-devant province de Bretagne qui se sont fait connaître par quelques écrits, par le citoyen Maréchal.
> Premier livre imprimé à Lamballe, en Bretagne.

LANGRES

Jean DES PREZ, imprimeur.

152. — Vers 1580. Portraits et figures de termes d'architecture, enrichis de diversités d'animaux, par Joseph Boillot.

Les figures en taille-douce sont gravées par l'auteur. L'imprimeur Jean des Prez exerça ensuite à Chalon-sur-Saône. — Voir l'article Chalon-sur-Saône.

LAON

A. RENESSON, imprimeur.

153. — 1680. Dictionnaire historique des villes, etc., par François Fondeur.

Un des premiers livres imprimés à Laon.

LA REOLE

Claude LABOTTIÈRE, imprimeur.

154. — 1684. Recueil général d'édits.

LARRIVOUR, près TROYES

Nicole PARIS, imprimeur. (Imprimerie particulière de Jean de Luxembourg à l'abbaye de Larrivour.)

155. — 1547. Institution du prince, par Guillaume Budé.

LAVAL

Robert CORMIER, imprimeur.

156. — 1651. Règle et statuts des religieuses de Sainte-Claire.

Un des plus anciens livres imprimés à Laval. Les produits de l'imprimerie lavalloise sont d'une extrême rareté.

LE HAVRE

Jacques GRUCHET, imprimeur.

157. — 1675. Principes de la navigation, par Blondel Saint-Aubin.

Un des premiers livres imprimés au Havre.

LE MAURIER.

Jacques LABOE, imprimeur. (Imprimerie particulière
du château du Maurier en Anjou.)

158. — 1680. Mémoires d'Aubery, seigneur du Maurier.

Premier livre qui ait été imprimé au Maurier.

LÉON (SAINT-POL-DE)

J. P. de CRÉMEUR, imprimeur.

159. — 1764. Colloques français-bretons.

Un des rares volumes imprimés à Saint-Pol-de-Léon, ancienne
petite ville épiscopale de Bretagne.

LIMOGES.

Cl. GARNIER, imprimeur.

160. — 1528. Livre de moralités (en latin), par Jacques de Lo-
zanne, dominicain.

LISIEUX.

Remy LE BOULLANGER, imprimeur.

161. — 1674. Règles de la bienséance civile et chrétienne.

LOCHES.

IMPRIMEUR ANONYME.

162. — 1608. La Magdaliade, poëme par Frère Durant, chartreux
provençal.

Premier livre imprimé à Loches, en Touraine. — Le matériel
typographique est celui de Jamet Mettayer, imprimeur à Paris,
à Blois et à Tours.

LODÈVE.

Imprimerie particulière de l'évêque, dirigée par
ARNAULD COLOMIEZ, imprimeur.

163. — 1645. Bouquet de fleurs de la Bible (en latin), par Jean
Plantavit de la Pause, évêque de Lodève.

Très beau volume, avec un magnifique portrait de l'auteur,
fondateur de cette imprimerie.

LONGEVILLE-DEVANT-BAR.

Martin MOUROT, doyen de Ligny-en-Barrois, imprimeur.

164. — Vers 1543. Statuts de l'ordre de Prémontré (en latin).

Le prêtre Martin Mourot est le premier imprimeur de Lorraine. — Ses impressions ont précédé celles faites à Saint-Nicolas-du-Port qui passaient pour les premières faites dans le duché. Cette édition des Statuts des Prémontrés est restée inconnue des bibliographes.

LONS-LE-SAULNIER.

P. DELHORME, imprimeur.

165. — 1768. Discours de l'académie de Besançon.

LUNÉVILLE.

CHARLES DE LA FONTAINE, imprimeur.

166. — 1577. L'agriculture et maison rustique de Charles Estienne et Jean Liébault.

Premier livre imprimé à Lunéville, en Lorraine, non cité par les bibliographes.

Nicolas BACQUENOIS, imprimeur.

167. — 1548. Le livre de plusieurs pièces.

L'imprimeur Nicolas Bacquenois quitta Lyon, à la sollicitation du cardinal de Lorraine, pour venir s'établir à Reims. (Voir l'article Reims.) Bacquenois fonda ensuite un établissement typographique à Verdun, en Lorraine. — Voir l'article Verdun.

MANDEURRE.

Claude HYP, imprimeur. (Imprimerie particulière de l'archevêque de Besançon.)

168. — 1667. Missel de Besançon (en latin.)

Imprimé à Mandeurre, seigneurie de l'archevêque de Besançon, enclavée dans le comté de Montbéliard.

MARSEILLE.

Pierre MASCARON, imprimeur.

169. — 1595. Les poésies de La Bellaudière, en provençal.

Premier livre imprimé à Marseille.

MAUBEUGE.

Nicolas WILMET, imprimeur.

170. — 1781. Commandaces des Trépassez.

MELUN.

171. — 1598. Le gouvernail d'Ambroise Bachot.
Un des premiers livres imprimé à Melun.

METZ.

Caspard HOCHFEDER, imprimeur.

172. — 1501. Questions philosophiques de Jean Versor (en latin),
imprimées à Metz pour le compte de Johann Haller, libraire de l'uni-
versité de Cracovie.
Caspard Hochfeder est le second imprimeur de Metz.

MONACO.

Jean SWARTZ, imprimeur.

173. — 1586. Aviso piacevole dato alla bella Italia.
Ce volume passe pour être le premier livre imprimé à Monaco,
mais le lieu d'impression paraît supposé; car on y reconnaît les
fleurons et les caractères employés par les *Haultin*, imprimeurs
protestants à La Rochelle et à Montauban.

MONTARGIS.

Jean-Baptiste BOTTIER, imprimeur.

174. — 1668. Règlements du bailliage de la ville de Montargis
et règlement pour l'imprimerie et débit des livres en la ville et faux-
bourgs de Montargis.
Premier livre imprimé à Montargis.

MONTBÉLIARD.

Jacques FOILLET, imprimeur.

175. — 1587. Les actes du colloque de Montbéliard.
Premier livre imprimé à Montbéliard. — L'imprimeur Jacques
Foillet était originaire de Tarare.

MONTLUEL.

Barthélemy Pro, imprimeur.

176. — 1576. Treizième livre d'Amadis de Gaule.

MONTPELLIER.

Jean Gillet, imprimeur.

177. — 1595. Discours de la défaite de la garnison de Soissons dans les plaines de Villers-Cotterets.

Premier livre connu imprimé à Montpellier. Non cité par les bibliographes.

MOULINS.

Pierre Vernoy, imprimeur.

178. — 1610. Antiquités du prieuré de Souvigny-en-Bourbonnais, par F. Sébastien Marcaille.

Premier livre connu imprimé à Moulins.

MULHOUSE.

Pierre Schmidt, imprimeur.

179. — 1560. Devoir d'un roi, traduction latine de l'ouvrage composé en grec par le diacre Agapet.

Un des premiers livres imprimés à Mulhouse, en Alsace. Le plus ancien livre connu est un traité d'hygiène en allemand daté de l'année précédente (1559). L'imprimeur a transformé son nom en *Faber* ou *Fabricius*.

Georges Hantzch, imprimeur.

180. — 1571. Nomenclature des choses les plus usuelles (en latin et en allemand), à l'usage des écoliers.

Le nom de Georges Hantzsch, second imprimeur de Mulhouse, et resté inconnu jusqu'ici.

NANCY.

J. Jenson, imprimeur.

181. — 1572. Le Parnasse des poëtes françois, recueilli par Gilles Corrozet.

Premier livre connu imprimé à Nancy.

NEUFCHÂTEAU.

Monnoyer, imprimeur.

182. — 1766. Pièces fugitives de François de Neufchâteau, âgé de quatorze ans.

Premier livre connu imprimé à Neufchâteau, dans les Vosges.

NEVERS.

Pierre Roussin, imprimeur.

183. — 1592. Discours de l'origine des fontaines, par Antoine du Fouilhoux.

Un des premiers livres imprimés à Nevers. — Pierre Roussin était venu de Lyon pour fonder l'imprimerie à Nevers.

NIMES.

Imprimeur anonyme, probablement Jean Gillet de Lyon, qui alla ensuite s'établir à Montpellier.

184. — 1580. Règlement de l'académie de Nîmes (en latin).

Un des plus anciens livres imprimés à Nîmes. Sur le titre, les armes de la ville de Nîmes.

NIORT.

Th. Portau, imprimeur.

185. — 1597. Israël Hamet. Discours par lequel est monstré qu'il n'y a aucune raison que quelques-uns puissent vivre sans manger durant plusieurs jours et années.

Un des premiers livres imprimés à Niort. Thomas Portau avait précédemment exercé à Pons-en-Saintonge (voir l'article *Pons*). Il quitta Niort pour s'établir à *Saumur*, sur les bords de la Loire.

NOYON.

Louis MAUROY, imprimeur.

186. — 1686. Les huit barons ou fieffez de l'abbaye royale de Saint Corneille de Compiègne, par Louis de Gaya, sieur de Tréville.

Premier livre imprimé à Noyon.

NUITS.

Antoine MIGNERET, imprimeur.

187. — 1738. Formulaire de prières pour les dames Ursulines de Dijon.

L'imprimerie de Nuits, en Bourgogne, fut supprimée par arrêt du Conseil en 1739.

ORANGE.

Adam DU MONT, imprimeur.

188. — 1573. Dialogue contenant ce qui est arrivé aux huguenots de France à l'occasion de la Saint-Barthélemy (en latin).

Premier livre imprimé à Orange.

ORTHEZ

Louis RABIER, imprimeur.

189. — 1583. Psaumes de David, traduits en vers patois béarnais, par Arnaud de Salette, en musique notée.

Premier livre imprimé à Orthez. — L'imprimeur Rabier était protestant et exerça à Montauban et à Orléans.

PARIS.

Jean LE ROYER, imprimeur.

190. — 1560. Livre de perspective de Jehan Cousin Senonois, maistre painctre à Paris.

Un véritable chef-d'œuvre de la typographie parisienne dans la seconde moitié du XVIe siècle.

N. B. — Pour d'autres impressions de Paris aux XVe et XVIe siècles, voir la vitrine pupitre spéciale et les cadres de l'exposition murale no 6, 7, 8 et 9.

(Imprimerie particulière en taille-douce
du capitaine Ambroise BACHOT.)

191. — Vers 1600. Le timon du capitaine Bachot, lequel conduira
le lecteur parmi les guerrières mathématiques.

> Ouvrage ENTIÈREMENT GRAVÉ et IMPRIMÉ par l'auteur. (Voir l'article : MELUN. *Le Gouvernail d'Ambr. Bachot.*)

LE ROI LOUIS XV, imprimeur.

(Imprimerie particulière du cabinet du roi, dirigée par J. Colombat.)

192. — 1718. Cours des principaux fleuves et rivières de l'Europe.

PASSY-LEZ-PARIS (anciennement le village de Nygeon).

FRÈRE HUGUES DE VARENNE, de l'ordre des Minimes de Saint-François de Paule, imprimeur.

193. — 1540. Martyrologe des Minimes (en latin.)

> Imprimé en lettres gothiques dans le couvent de l'Ordre, vulgairement appelé l'*Abbaye des Bonshommes.* L'emplacement occupé jadis par le couvent est désigné par le nom de *Bonshommes* qui est resté à l'une des rues de Passy. — Une imprimerie particulière était établie dans cette maison religieuse dès 1528. On connaît deux volumes de liturgie qui y furent imprimés par le même frère Hugues de Varenne, en 1528 et en 1535. Le présent volume paraît être le dernier qui soit sorti de cette presse et est resté inconnu aux bibliographes.

PÉRONNE.

Honoré LE BEAU, imprimeur.

194 — 1714. La vie de Saint Fursy, patron de la ville de Péronne, par Jacques Desmay.

> Premier livre imprimé à Péronne.

PERPIGNAN.

Johann ROSEMBACH, imprimeur.

195. — 1503. Chirurgie de P. Argelata, de Bologne, traduite en catalan.

> Un des plus anciens livres imprimés à Perpignan.

PÉZENAS.

Jean MARTEL, imprimeur.

196. — 1686. Manière de procéder à la réception des religieuses de Sainte-Ursule.

Un des plus anciens livres imprimés à Pézénas.

POITIERS.

Guillaume BOUCHET, imprimeur.

197. — 1515. Traité d'Étienne Malleret sur les élections ecclésiastiques (en latin).

Sur le titre on voit la belle marque de Guill. Bouchet et de Jehan Bouyer, son prédécesseur.

Jean BOUYER et Guillaume BOUCHET, imprimeurs.

198. — 1500. Poëmes latins du Mantouan.

PONS.

Thomas PORTAU, imprimeur.

199. — (1591). Fleurs du grand guidon.

Un des premiers livres imprimés à Pons-en-Saintonge. — L'imprimeur Thomas Portau a exercé à Niort et à Saumur.

PONT-A-MOUSSON.

Sébastien CRAMOISY, imprimeur.

200. — 1622. Introduction à la logique, par le P. Du Trieu.

Une des premières productions de Sébastien Cramoisy, de Paris, l'imprimeur attitré des Jésuites, qui avait établi une succursale à Pont-à-Mousson. — Un arrêt de 1625 interdit à Cramoisy d'imprimer des livres à Pont-à-Mousson tant qu'il conserverait un établissement à Paris.

PONTOISE.

Antoine ESTIENNE, imprimeur.

201. — 1639. Catéchisme des Controverses.

Imprimerie particulière de François de Harlay, archevêque de Rouen, établie au château de Pontoise.

PONTORSON.

Jean de FÈVRE, imprimeur.

202. — 1600. Traité pour sçavoir s'il faut prier Dieu pour les morts et s'il y a un purgatoire.

Un des premiers livres imprimés à Pontorson, en Normandie. — L'imprimerie de Pontorson, fondée dans un but de propagande protestante, fonctionna de 1599 à 1604.

PONT-DE-VAUX.

J.-P. MOIROUD, imprimeur.

203. — 1797. Grammaire des dames, par Barthelemi, de Grenoble.

Un des premiers livres imprimés à Pont-de-Vaux, près Mâcon.

PROVINS.

Veuve Jehan TRUMEAU, imprimeur.

204. — 1521. Le devoir des curés (en latin).

Les impressions de Provins sont très anciennes et fort rares. Un des fils de la Vᵉ Trumeau s'établit plus tard imprimeur à Troyes. (Voir l'article *Troyes.*)

QUEVILLY.

Imprimeur protestant anonyme,
qui travaillait pour Jean et David BERTHELIN, libraires.

205. — 1655. Dialogues familiers, par Ch. Drelincourt.

Quevilly, près de Rouen, est un bourg où les protestants avaient un temple pour l'exercice de leur culte.

REIMS.

Nicolas BACQUENOIS, imprimeur.

206. — 1553. Diversités d'Hippocrate, trad. en français par Guillaume Chrestian.

Un des premiers livres imprimés à Reims. — Nicolas Bacquenois exerçait précédemment à Lyon (voir l'article *Lyon*). Il transporta son atelier à Reims à la sollicitation du cardinal de Lorraine. Il exerça aussi à Verdun (voir l'article *Verdun*).

Nicolas BACQUENOIS, imprimeur du cardinal de Lorraine.

207. — 1558. Deux livres des juges et avocats, par Claude Lyenard, d'Épernay.

Un des premiers livres imprimés à Reims.

RICHELIEU (Château de).

Pierre LE PETIT, imprimeur.

208. — 1654. Le combat spirituel traduit en vers, par J. Desmarets.

RODEZ.

Paul DESCLAUX et AMANS GANDSAIGNE, imprimeurs.

209. — 1627. Histoire de la vie incomparable de sainte Radegonde, par le P. Jos. Dumonteil.

Un des premiers livres imprimés à Rodez.

ROMANS.

Jean GUILHERMET, imprimeur.

210. — 1658. Histoire de la vie et des mœurs de Marguerite de Solliez, abbesse de Saint-Bernard-d'Hières.

Premier livre connu imprimé à Romans, en Dauphiné. — Non cité ainsi que le suivant par les bibliographes qui ne classent même pas Romans parmi les localités qui ont eu une imprimerie.

211. — 1663. Relation des miracles de Notre-Dame-de-l'Ozier.

ROUEN.

Johan LE BOURGEOIS, imprimeur.

212. — 1496. La fleur des commandements de Dieu.

Un des plus anciens livres, avec date certaine, imprimés à Rouen. Le premier livre daté de cette ville est de 1487.

Martin MORIN, imprimeur.

213. — 1509. Miroir des frères mineurs (en latin).

Raulin GAULTIER, imprimeur.

214. — Vers 1510. Les articles de la Foi catholique (en latin).

Richard GOUPIL, imprimeur.

215. — 1514. Légende des saints autrement dite Légende Dorée.

Pierre OLIVIER, imprimeur.

216. — 1519. Le sixième livre des Décrétales (en latin).

Laurent MAURRY, imprimeur.

217. — 1643. Cours de philosophie (en latin), pour l'école de l'archevêché de Rouen, par Jacques Pierre ou Pierret, prêtre de l'église paroissiale de Villedieu.

> Imprimerie particulière de François de Harlay, archevêque de Rouen. Ce prélat avait établi des imprimeries dans ses diverses résidences. Outre celle de Rouen, il en avait une très importante à Gaillon (voir l'article *Gaillon*) et une autre à Pontoise (voir l'article *Pontoise*).

SAINT-BRIEUC.

Guillaume DOUBLET, imprimeur.

118. — 1625. Hymnes et cantiques de l'Église, traduits en vers sur les plus beaux airs du temps, par Auffray Pluduno, chanoine.

> Le plus ancien livre cité comme ayant été imprimé à Saint-Brieuc.

SAINT-DENIS, près Paris.

Pierre L'HUILLIER, imprimeur.

219. — 1594. Les feux de joye des villes de Lyon, Orléans et Bourges.

SAINT-DIÉ.

Gauthier LUD, Nicolas LUD et Martin WALTZEMULLER, imprimeurs.

220. — 1520 environ. Défense des luthériens (en latin).

> Un des premiers livres écrits en faveur des protestants. — Ce volume non cité est imprimé avec le matériel typographique de Saint-Dié dans les Vosges. Sur le titre, on mit la marque des fondateurs de cette imprimerie, c'est-à-dire de Gauthier Lud, de Nicolas Lud, et du géographe Martin Waltzemüller qui avait grécisé puis latinisé son nom en celui de *Martinus Ilacomylus*.

SAINT-FLOUR.

Jean BORIE, imprimeur.

221. — 1659. Ordonnances de l'évêque de Saint-Flour.

> Premier livre imprimé à Saint-Flour.

SAINTE-FOY.

Jérôme MARAN, imprimeur.

222. — 1626. Conformité de croyance de saint Augustin et des Églises réformées, par Pierre Hespérien.

> Premier livre imprimé à Sainte-Foy-la-Grande, sur la Dordogne, dans le département de la Gironde, centre protestant important. — L'imprimeur Jérôme Maran avait exercé à Bordeaux et à Jonzac (voir l'article *Jonzac*).

223. — 1627. L'échelle de Jacob ou doctrine touchant le vrai et unique médiateur des hommes envers Dieu, à savoir Jésus-Christ, par Charles Daubuz, Auxerrois.

> Autre volume imprimé à Sainte-Foy, par le même imprimeur. Ce volume et le précédent sont les deux seuls livres connus qui aient été imprimés à Sainte-Foy. Les bibliographes ne font aucune mention de l'imprimerie de *Sainte-Foy* qui paraît avoir été assez importante, à en juger par le gros volume de l'*Echelle de Jacob*.

SAINT-JEAN-D'ANGÉLY.

François AUDEBERT, imprimeur.

224. — 1616. Anatomie de l'âme et de l'homme intérieur, par Jean de Prautinhac.

> Premier livre connu, imprimé à Saint-Jean-d'Angély. — Jusqu'à ce moment on ne faisait remonter plus haut que 1621 l'imprimerie de Saint-Jean-d'Angély. — L'imprimeur François Audebert avait exercé à Saintes.

SAINT-LO.

Thomas BOUCHARD, imprimeur.

225. — 1564. Traité de la peste, par de La Faye.

> Premier livre imprimé à Saint-Lô, après la prise de la ville par les protestants.

Thomas BOUCHARD et Jacques LE BAS, imprimeurs associés.

226. — 1565. Psaumes de David, mis en rime françoise, par Clément Marot et Théodore de Bèze.

> Ce volume a passé longtemps pour être le premier livre imprimé à Saint-Lô, jusqu'au jour où le *Traité de la Peste* a été découvert. — Thomas Bouchard avait commencé seul. En 1565 il s'adjoignit un associé. Tous deux ils venaient de Caen. — Jacques Le Bas continua seul l'imprimerie qu'il ramena ensuite à

Caen (voir l'article *Caen*). Après le départ de Le Bas, la ville de Saint-Lô fut privée d'établissement typographique pendant près d'un siècle.

Jean PIEN, imprimeur.

227. — 1663. Profession de foi catholique présentée aux sieurs Grandchamp, de la Frenée et Dartenay, ministres à Saint-Lô, par François Charles parisien.

Un des premiers livres imprimés par Jean Pien, le second imprimeur de Saint-Lô.

SAINT-MALO.

Pierre MARCIGAY, imprimeur.

228. — 1619. Statuts synodaux du diocèse de Saint-Malo.

SAINT-MIHIEL.

François DU BOIS, imprimeur.

229. — 1617. Litanies sacrées (en latin).

Un des plus anciens livres imprimés à Saint-Mihiel, en Lorraine.

SAINT-NICOLAS-DU-PORT, près Nancy.

Pierre JACOBI, imprimeur.

230. — 1518. La Nancéide, poëme latin de P. de Blaru, avec figures sur bois.

SAINT-PONS-DE-THOMIERS.

Jean de GUERLINS, imprimeur.

231. — 1516. Problèmes astronomiques de Barthélemi de Solioules, médecin-astrologue de Viviers (en latin).

Livre d'une insigne rareté et le premier qui ait été imprimé dans la région qui forme la circonscription actuelle du département de l'Hérault. — L'imprimeur Jean de Gherlins a exercé à Barcelone, à Toulouse et au monastère de la Gusse, près Carcassonne.

SAINT-QUENTIN.

Charles LE QUEUX, imprimeur.

231 *bis*. — 1627. Histoire de Saint-Quentin, patron du Vermandois, par Cl. de La Fons.

Premier livre imprimé à Saint-Quentin. — L'imprimeur était procureur à Guise, avant d'être typographe.

SCHELESTADT.

Lazare SCHURER, imprimeur.

232. — 1520. Valère Maxime (en latin).
Un des premiers livres imprimés à Schelestadt.

SEDAN.

Abel RIVERY, imprimeur.

232 *bis*. — 1593. Traité de la Peste, par François de Courcelles.

Un des plus anciens livres imprimés à Sedan, dans les Ardennes. — L'imprimeur Abel Rivery venait de Genève.

SENLIS.

René CARON, imprimeur.

233. — 1738. Confrérie du Saint-Sacrement établie dans l'église de Saint-Anian, de Senlis.

Un des plus anciens livres imprimés à Senlis que l'on connaisse. Toutefois, l'imprimerie de cette ville doit être antérieure à cette date.

SENS.

Gilles RICHEBOYS, imprimeur.

233 *bis*. — 1556. Coutume du bailliage de Sens.
Un des premiers livres imprimés à Sens. — Des lettres ornées sont attribuées au célèbre artiste JEAN COUSIN.

SERVOULES, près Sisteron.

A.-J. NICOLAS frères et Cⁱᵉ, imprimeurs.

234. — 1796 environ. Constitution de la République Françoise.
Premier et seul livre connu pour avoir été imprimé dans cette petite localité.

STENAY.

J. B. MEURANT, imprimeur du prince de Condé.

235. — 1773. Amusements rapsodi-poétiques.

TARBES.

Mathieu ROQUEMAUREL, imprimeur.

236. — 1714. La Recherche des eaux minérales de Cauterez, avec la manière d'en user, par Jean François de Borie.

Un des premiers livres imprimés à Tarbes.

THOISSEY.

Jacques LE BLANC, imprimeur.

237. — 1696. Abrégé de l'Histoire de la Souveraineté de Dombes, par Ch. de Neuvéglise.

Premier livre imprimé à Thoissey, petite localité qui fait aujourd'hui partie du département de l'Ain.

TONON.

Marc DE LA RUE, imprimeur.
(Imprimerie particulière de la Sainte-Maison.)

238. — 1605. Lettres morales du sieur de Nervèze, traduites en espagnol par Mᵐᵉ Françoise de Passier.

Livre de toute rareté, imprimé à Tonon, en Savoie.

TOULON.

Benoist COLLOMB, imprimeur.

239. — 1650. Le Bonheur du Diocèse de Tholon (*sic*).

Premier livre imprimé à Toulon.

TOURNON.

Claude MICHEL, imprimeur.

240. — 1588. Confessions de saint Augustin (en latin).

Un des premiers livres imprimés à Tournon; l'imprimeur Claude Michel avait exercé à Lyon.

TRÉGUIER.

Jehan CALVEZ, imprimeur.

241. — 1511. Ordonnances de Bretagne.

Les impressions de Tréguier ou Lantréguier, en Bretagne, sont de toute rareté. — Celle-ci est inconnue des bibliographes.

TROYES.

François TRUMEAU, imprimeur.

242. — 1586. Pièce de vers latins de Michel Cresteau de Cambrai.

Les Trumeau étaient une famille d'imprimeurs de Provins. — Voir l'article *Provins*.

TULLE.

François ALVITRE, imprimeur.

243. — 1616. L'Entelechie (*sic*) des eaux chaudes du bourg de Bains, près du Mont d'Or, appelées bains de Murat et des eaux froides de Vic en Charladois, par J. de Mante.

Un des plus anciens livres imprimés à Tulle (Corrèze).

VALENCE-EN-DAUPHINÉ

Hélie OLIVELLI, imprimeur.

244. — 1496. Commentaires de Guy Pape, de Grenoble, sur les Statuts du Dauphiné (en latin).

Premier livre imprimé à Valence-en-Dauphiné.

VANNES.

Jean BOURRELLIER, imprimeur.

245. — 1597. Les Observations de diverses choses remarquées sur l'Estat, couronne et peuple de France, par noble homme Regnault Dorléans.

Premier livre connu, imprimé à Vannes, en Bretagne.

VENDOME.

François DE LA SAUGÈRE, imprimeur.

246. — 1629. Alexitère contre la Peste, par Florent de la Chassaigne.

VENNES, près Castres.

Imprimerie particulière de Guillaume le Nautonnier, successeur de Castelfranc, dirigée par COLOMIEZ, de Toulouse.

247. — 1603. Mécométrie de l'aimant ou manière de mesurer les longitudes par le moyen de l'aimant.

VERDUN.

Nicolas BACQUENOIS, imprimeur.

248. — 1564. Canons et décrets du Concile de Trente (en latin).

> Premier livre imprimé à Verdun. — L'imprimeur Nicolas Bacquenois avait d'abord exercé à Lyon (voir l'article *Lyon*) et était venu en Champagne, à Reims, sur l'ordre du cardinal de Lorraine. — Voir l'article *Reims*.

Martin MARCHAND, imprimeur.

(Imprimerie particulière du Collège des Jésuites.)

249. — 1572. Extrait des Constitutions de la Société de Jésus (en latin).

VERSAILLES.

François MUGUET, imprimeur.

250. — 1687. Explication des Tableaux de la galerie de Versailles et de ses deux Salons.

> Un des premiers livres imprimés à Versailles.

Monseigneur le Duc de BOURGOGNE, imprimeur.

(Imprimerie particulière du duc de Bourgogne enfant, établie au château de Versailles et dirigée par VINCENT.)

251. — 1760. Prières à l'usage des Enfants de France.

> Le duc de Bourgogne n'avait, en 1760, que huit ans ; le présent exemplaire est à ses armes.

VILLEFRANCHE (en Beaujolais).

Antoine BAUDRAND, imprimeur.

252. — 1669. Estat de ceux qui ont esté appelez à la charge d'Eschevins de la ville de Villefranche, capitale du Beaujolais, depuis près de trois cents ans.

> Premier livre imprimé à Villefranche en Beaujolais.

VILLEFRANCHE-DE-ROUERGUE.

Pierre GRANDSAIGNE, imprimeur.

253. — 1675. Recueil de receptes choisies, par Mme Fouquet.
Un des premiers livres imprimés en cette ville.

VITRY-LE-FRANÇOIS.

Quentin SENEUZE, imprimeur.

254. — 1660. Commentaires sur la Coutume de Vitry.
Un des premiers livres imprimés à Vitry-le-François.

IMPRIMERIES HORS DE LA FRANCE CONTINENTALE.

CORSE ET COLONIES.

BASTIA.

Veuve BATTINI, imprimeur.

255. — 1785. Jaspes et pierres précieuses de l'Ile de Corse.

ILE DE FRANCE ou ILE MAURICE.

Imprimerie de l'Ile de France.

256. — 1800 environ. Code des Isles de France et Bonaparte.

PORT-AU-PRINCE.

(Ancienne colonie française de Saint-Domingue.)

MOZARD, imprimeur.

257. — 1788. Mémoire d'un procès pour le sieur Pierre Dumas,
habitant à la Marmelade.

SAINT-PIERRE-MARTINIQUE

J.-B. THONNENS, imprimeur.

258. — 1790. Courrier de la Martinique.

Le même volume contient de curieux spécimens de feuilles françaises imprimées aux Antilles de 1785 à 1790.

Madame Léopold DELISLE.

1. — Bible latine. Ms. sur parchemin très fin, in-8, du temps de saint Louis.

2. — Psautier. Ms. sur parchemin avec peintures, petit in-8, de la seconde moitié du XIIIe siècle.

M. Jules DESNOYERS.

1. — Fragments d'Eugippius. Ms. sur parchemin, in-folio, de l'époque mérovingienne. — Exemples d'écriture onciale, de minuscule et de cursive du VIIIe siècle, fournis par un même manuscrit.

2. — Commentaire de saint Jérôme sur les prophètes. Ms. sur parchemin, in-folio, du IXe siècle.

3. — Recueil d'homélies. Ms. sur parchemin, in-folio, du IXe siècle.

4. — Commentaires de saint Augustin sur la Genèse. Ms. sur parchemin, in-folio, du Xe siècle.

5. — Les Décrétales, traduites en français. Ms. sur parchemin, in-folio, avec miniatures du XIIIe siècle.

M. DIDOT (Bibliothèque de feu).

MANUSCRITS.

Première vitrine (grande).

1. — Lectionnaire latin, Xe siècle.
2. — Lectionnaire grec, Xe siècle.
3. — Lectionnaire, école souabe, XIIe siècle.
4. — Psautier, école française, XIIIe siècle.
5. — Psautier, nord de la France, XIIIe siècle.

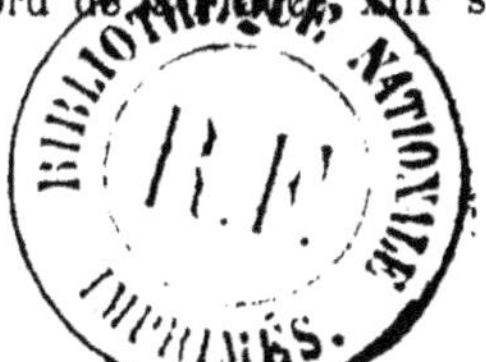

7

6. — Psautier, nord de la France, xiiie siècle.

7. — Apocalypse, trad. franç., xiiie siècle.

8. — Richard de Fournival, le Bestiaire, xiiie siècle.

9. — Brunetto Latini, le Trésor, xive siècle.

10. — Histoire du vieux et du nouveau testament, xive siècle.

11. — Livre de prières, école française, xive siècle.

12. — Livre d'heures, école française, xive siècle.

13. — Livre d'heures exécuté à Avignon, xive siècle.

14. — Office de la Vierge, école italienne, commencement du xve siècle.

15. — Livre d'heures, école française, première moitié du xve siècle.

16. — Saint Bonaventure, l'Aiguillon d'amour divine, xve siècle.

17. — Jésus en croix, école italienne, miniature datée de 1291.

18. — Initiales du xie au xve siècle.

Deuxième vitrine (grande).

19. — Livre d'heures, école française, commencement du xve siècle.

20. — Saint Basile le grand, traduit par J. Mirabella, école italienne, xve siècle.

21. — Livre d'heures, école flamande, xve siècle.

22. — Livre d'heures, école française, xve siècle.

23. — Office de la Vierge, école italienne, xve siècle.

24. — Livre d'heures, école hollandaise, xve siècle.

25. — Histoire ancienne, école française, xve siècle.

26. — Boccace, histoire des nobles hommes et des femmes infortunées, traduction en français, xve siècle.

27. — Livre d'heures, école française, xve siècle.

28. — Livre d'heures, école allemande, fin du xve siècle.

29. — Livre de prières, école italienne, fin du xve siècle.

30. — Livre d'heures, école française, commencement du xvie siècle.

31. — Maintenue de noblesse, école espagnole, xviie siècle.

32. — Miniatures isolées du xve siècle.

Troisième vitrine (petite).

33. — Traité des proportions du corps humain, orné de dessins originaux de Rubens.

34. — Révélations de sainte Brigitte, école italienne, xive siècle.

35. — Traité de chasse, école française, xve siècle.

36. — Devises du grand Colbert, école française, xviie siècle.

Quatrième vitrine (grande).

37. — Livre d'heures, école française, fin du xv⁰ siècle.

38. — Livre d'heures, école italienne, xvᵉ siècle.

39. — Livre d'heures, école française, commencement du xvɪ⁰ siècle.

40. — Antiphonaire, école de Modène, xvᵉ siècle.

41. — Livre d'heures, école française, xvᵉ siècle.

42. — Livre d'heures, école française, première moitié du xvᵉ siècle.

43. — Livre d'heures, école française, fin du xvᵉ siècle.

44. — Livre d'heures, école flamande, fin du xvᵉ siècle.

45. — Livre d'heures, exécuté dans le nord-est de la France, xvᵉ siècle.

46. — Livre d'heures, école de Bruges, fin du xvᵉ siècle.

47. — Livre d'heures, école française, fin du xvᵉ siècle.

48. — Livre d'heures, école française, fin du xvᵉ siècle.

49. — Livre d'heures, école française, commencement du xvɪᵉ siècle.

50. — Livre de prières, école italienne; volume daté de 1557.

51. — Livre de prières, école italienne, xvᵉ siècle.

52. — Livre d'heures, école française, fin du xvᵉ siècle.

53. — Instruction d'un jeune prince, école française, xvᵉ siècle.

54. — Le Calvaire; miniature originale de Jehan Foucquet, fin du xvᵉ siècle.

55. — Livre d'heures du grand écuyer, Claude Gouffier, école française, xvɪᵉ siècle.

56. — Les évangélistes, miniature de Giulio Clovio datée de 1573.

Vitrine des reliures.

57. — Reliure en métal avec émaux, xɪɪɪ⁰ siècle.

58. — Deux reliures estampées du xvᵒ siècle.

59. — Reliure aux armes du comte de Mansfelt, xvɪᵉ siècle.

60. — Reliure au chiffre de Gaston de France, xvɪᵉ siècle.

61. — Reliure à l'effigie de François II, duc de Lorraine, xvɪᵉ siècle.

62. — Deux plats d'une reliure vénitienne du xvɪᵉ siècle.

63. — Reliure en métal ciselé, xvɪɪɪᵉ siècle.

64. — Un volume avec la signature de Rabelais.

65. — Quatre reliures en mosaïque, xvɪɪɪᵉ siècle.

66. — Quarante-quatre cadres remplis de miniatures.

M. DURRIEU.

1. — Pentateuque hébreu. Rouleau en peau de mouton.

2. — Missel de Toul imprimé à Paris par Pierre le Rouge en 1492. Exemplaire sur vélin.

M. DUTUIT (Collection de).

MANUSCRITS.

1. — La coutume de Normandie. Texte latin, suivi de la confirmation de la charte normande par Philippe de Valois en 1339 et de la grande ordonnance de saint Louis de l'année 1254. On y a intercalé entre les folios 18 et 19 quatre feuillets contenant un traité sur l'arbre de la consanguinité. En tête est un calendrier rouennais.

> Volume in-folio, sur parchemin, du temps de Charles V, à en juger par l'encadrement tricolore du compartiment principal de la peinture qui contient les tableaux des degrés de parenté. Sur le frontispice on voit le roi qui reçoit le coutumier des mains de l'archevêque de Rouen, suivi des six évêques de la Normandie, et accompagné d'une quinzaine de personnages chargés de représenter les populations de la province. — Cet exemplaire vient de l'ancienne bibliothèque de l'échevinage de Rouen. On lit sur le feuillet de garde, à la fin : « Ce livre coustumier de Normandie est de l'ostel commun de la ville et cité de Rouen. »

2. — Le Nouvelin de la venerie, dédié par Louis de Gouvys au duc d'Alençon, sans doute Charles IV, duc d'Alençon, mort en 1525.

> Manuscrit sur vélin, in-folio, du commencement du xvie siècle, avec peintures. — Exemplaire de présentation.

* — Breviarium secundum usum Romanæ curiæ, et ritum fratrum minorum.

> Manuscrit sur vélin, petit in-folio, orné de quarante et une miniatures, dont quelques-unes, de la plus grande beauté, sont exécutées en camaïeu. Ce manuscrit a appartenu au comte d'Hoym, à Gaignat, au duc de La Vallière, etc. — Voyez ci-après, n° 86. Reliures.

* — Livre d'heures.

> Manuscrit in-8° exécuté au xvie siècle, orné de nombreuses et belles peintures. — Voir ci-après, n° 84. Reliures.

* — Adonis, poëme, par La Fontaine, dédié à Mgr Fouquet, ministre d'Etat.

> Manuscrit grand in-4° sur vélin, exécuté par Jarry, en 1658, décoré de guirlandes de fleurs et autres ornements peints en

miniature, et d'un dessin de Chauveau représentant la mort d'Adonis. — Voyez ci-après, n° 85. Reliures.

IMPRESSIONS XYLOGRAPHIQUES.

MONUMENTS TYPOGRAPHIQUES. — LIVRES A FIGURES.

OUVRAGES DE BRODERIE.

3. — Opera nova contemplativa per ogni fidel christiano laquale tratta de le figure del testamento vecchio lequale figure sonno verificate nel testamento nuovo; etc. Venezia, opera di Giovanni Andrea Vavassore ditto Vadagnino, vers 1510. In-8°.

> Impression xylographique à la presse. Imitation italienne de la *Bible des pauvres*, dont la publication ne peut pas remonter au delà de 1510, une des planches ayant été copiée dans la *Petite Passion* d'Albert Dürer publiée en 1509.

4. — Apocalypsis sancti Johannis. In-fol.

> Impression xylographique au frotton. Quarante-huit planches. — Première édition.

5. — Ars moriendi. In-fol.

> Impression xylographique à la presse. Dans cette édition, aux vingt-quatre planches de figures et de texte qui composent la suite de l'Ars moriendi sont ajoutées deux grandes figures représentant, l'une, Jésus agenouillé aux pieds de Dieu, et l'autre, la création de la femme, et Adam et Ève mangeant le fruit défendu.

6. — Ars moriendi. S. l. n. d. In-fol.

> Le texte de cette édition est imprimé en caractères mobiles. Les gravures sur bois ont figuré antérieurement dans une édition xylographique.

7. — Ars moriendi ex variis Scripturarum sententiis collecta cum figuris ad resistendum in mortis agone dyabolice sugestioni valens cuilibet christi fideli utilis ac multum necessaria. S. l. n. d. In-4.

> Figures sur bois.

8. — Eyn loblich und nutzbarlich puchelein von dem sterben, etc. (Ars moriendi allemand). Nuremberg, H. Weyssenburger, 1509. In-4.

> Figures sur bois.

9. — Questa operetta tracta dellarte del ben morire cioe in gratia di Dio. Venise, impr. par Jo.-Baptiste Sessa, s. d. In-4.

> Douze gravures sur bois.

10. — Cicéron. Officiorum liber. Mayence, impr. par J. Fust et P. Schoiffer, 1466. In-4. Sur vélin.

11. — Horace. Epistolae. Caen, impr. par Jacques Durandas et Gilles Quijoue, 1480. In-4.

> Exemplaire imprimé sur vélin. — Premier ouvrage d'Horace imprimé en France. Premier livre imprimé en Normandie.

12. — Coustumier du pays et duchie de Normendie, 1483. S. l. In-fol.

> Première édition du coutumier de Normendie. — Exemplaire imprimé sur vélin.

13. — Speculum humanæ salvationis. Latin-allemand. Augsbourg, impr. par Gunther Zainer, vers 1471. In-fol.

> Figures sur bois.

14. — Brandt (Sébastien). Stultifera navis in latinum per J. Locher, trad. Bâle, Jean Bergman de Olpe, 1497. In-4.

> Figures sur bois.

15. — Hrosvitha. Opera. Nuremberg, 1501. In-fol.

> Figures sur bois attribuées à Michel Wolgemüth.

16. — Murner (Th.). Logica memorativa, chartiludium logice sive totius dialectice memoria... Strasbourg, J. Gruninger, 1509. In-4.

> Figures sur bois.

17. — Holbein. Les simulachres et historiées faces de la mort. Lyon, sous l'Ecu de Cologne, impr. par Melchior et Gaspar Trechsel, 1538. Pet. in-4. Gravures sur bois.

> Première édition avec texte.

18. — Holbein. Icones historiarum veteris Testamenti. Lyon, Jean Frellon, 1547. In-4. Gravures sur bois.

> Cette édition des figures de la Bible renferme deux planches de plus que les précédentes.

19. — Chorea ab eximio Macabro versibus alemanicis edita, et a Petro Desrey trecacio quodam oratore nuper emendata. Paris, impr. par Guy Marchant pour G. de Marnef, 1490. In-fol.

> Mêmes gravures sur bois que celles des éditions de la Danse macabre publiées par Guyot Marchant, en 1485 et 1486.

20. — La danse macabre historiée et augmentée de plusieurs nouveaux personnages et beaux dits. Paris, composée et imprimée par Gillot Coustiau et Johan Menart, 1492. In-4.

> Dix-neuf gravures sur bois.

20 *bis*. — Hore virginis Marie secundum usum romanum. Paris, T. Kerver, 1498. In-8. Sur vélin.

> Une des bordures porte le nom de G. Wolf qui est sans doute le graveur des planches de ce livre.

21. — Bochetel (Guill.). L'entrée de la royne (Éléonore d'Autriche) en la ville et cité de Paris. Paris, Geoffroy Tory, 1531. In-4.

Encadrements gravés sur bois et marque de Tory.

22. — Ordre qui a été tenu à la nouvelle et joyeuse entrée du roi Henri II à Paris, le 16 juin 1549. Paris, Jean Dallier (1549). In-4.

Figures sur bois attribuées à Jean Cousin.

23. — La magnifica et triomphale entrata del christianiss. Re di Francia Henrico secondo di questo nome fatta nella nobile et antiqua città di Lyone a luy et a la sua serenissima consorte Chaterina alli 21 di septemb. 1548. Lyon, G. Roville, 1549. In-4.

Figures sur bois.

24. — Recueil des choses notables qui ont esté faites à Bayonne à l'entrevue du roy très chrestien Charles neufième de ce nom et la royne, sa très honorée mère avec la royne catholique sa sœur. Paris, Vascosan, 1566. In-4.

Gravures sur bois.

25. — Duvet. L'Apocalypse figurée par maistre Iehan Duvet, jadis orfèvre des rois François premier de ce nom et Henry deuxième. Lyon, 1561. In-fol.

Vingt-trois estampes gravées en taille-douce.

26. — Baltazarini dit Beaujoyeulx. Ballet comique de la royne, faict aux nopces de M. le duc de Joyeuse et de Mlle de Vaudemont sa sœur. Paris, Adr. Le Roy, Rob. Ballart et Mamert Patisson, 1582. In-4.

27. — Éloges et discours sur la triomphante réception du roi en sa ville de Paris, après la réduction de La Rochelle. Accompagnés des figures tant des arcs de triomphe que des autres préparatifs (gravées par Melch. Tavernier et Pierre Firens). Paris, P. Rocolet, 1629. In-fol.

28. — Fêtes de Versailles contenant les Plaisirs de l'Ile enchantée. Paris, 1673. In-fol.

Gravures d'Israël Silvestre, Lepautre, etc.

29. — Leo (Ambr.). De Nola patria opusculum distinctum, plenum, clarum, doctum, pulchrum, grave, varium et utile. Venise, 1514. In-fol.

Quatre planches en taille-douce de Jérôme Moceto, dit Mozzetto.

30. — Gomecius (Alvarus). Publica laetitia quo Dominus Ioannes Martinus Silicaeus archiep. Toletanus ab schola complutensi susceptus est. Alcala, A. Brocar. In-4.

> Figures sur bois. — XVIᵉ siècle.

31. — Recueil de 26 feuilles d'alphabets historiés gravés sur cuivre par Andrea Marelli et autres. Naples, 1613. In-4 oblong.

> La planche de dédicace est signée *Martin Vanbuiten, Neapoli* 1613.

32. — Exemplario di lavori dove le tenere fanciulle et altre donne nobile potranno facilmente imparare il modo et ordine di lavorare, cusire... Venise, Nicolo d'Aristoti'e detto Zoppino, 1530. In-4.

33. — La Gloria et l'honore di Ponti tagliati a fogliami. Venise, Mathio Pagan, 1556. In-4.

34. — Vecellio (Cesare). Corona delle nobili et virtuose donne, nel qual si demostra, in varii disegni, tutte le sorti di mostre di punti tagliati, punti in aria, punti a reticello, e d'ogni altra sorte... Venise, C. Vecellio, 1598, 3 parties. — Gioiello della corona per le nobili et virtuose donne. Venise, C. Vecellio, 1598. — En tout 4 parties en un vol. in-4 oblong.

35. — Vinciolo venitien. Nouveaux pourtraicts de point coupé et dentelles en petite, moyenne et grande forme. Montbéliard, Jacques Foillet, 1598. In-4.

36. — Isabella Catanca Parasole. Pretiosa gemma delle virtuose donne dove si vedono bellissimi lavori di punto in aria, reticolla, di maglia, e piombini... di nuovo dati in luce da Lucchino Gargano, con alcuni altri bellissimi lavori... Venise, L. Gargano, 1600. In-4 oblong.

37. — Vinciolo venitien (Federic de). Les singuliers et nouveaux pourtraicts .. pour toutes sortes d'ouvrages de lingerie. Paris, Jean Le Clerc, 1603. In-4, 2 vol.

RELIURES

38. — Nic. de Lyra. Postilla supra Psalterium. Lyon, 1504. In-4.
> Exemplaire à la reliure de Louis XII, avec l'emblème du porcépic.

39. — Antonii Mizaldi Phaenomena, sive aeriae ephemerides... Paris, 1546. In-8.

> Exemplaire de dédicace présenté à François Iᵉʳ. — Reliure

mar. vert, tr. dorée aux armes de François Ier, avec l'emblème de la Salamandre.

40. — Statuts (Le livre des) de l'ordre de Saint-Michel. Vers 1550. In-4. Exemplaire imprimé sur vélin.

> Reliure mar. citron à comp. tr. dorée, aux armes de Henri II, avec chiffre et emblèmes.

41. — Pauli Jovii historiarum sui temporis (ab anno 1494 ad annum 1553) libri XLV. Paris, 1553. In-fol.

> Exemplaire de Henri II. — Reliure veau f. à comp. en or et en couleurs tr. dorée avec le portrait de Henri II, imprimé en relief dans un médaillon, et répété cinq fois sur chaque plat.

42. — Sacra Biblia. Bâle, 1526. In-4.

> Reliure aux armes de Henri II avec chiffres et emblèmes.

43. — D Epiphanii episcopi Constatiæ Cypri, contra octoginta hæreses opus eximium. Bâle, 1544. In-folio.

> Exemplaire aux armes de Henri II. — Reliure mar. citron à comp. tr. dorée.

44. — Alexandri Tralliani medici libri XII (Graece). Paris, 1548. In-folio.

> Reliure mar. olive à comp. tr. dorée, aux armes de Henri II.

45. — La chasse royale, composée par le roi Charles IX. Paris, 1625. In-8.

> Reliure en mar. rouge tr. dorée, sur laquelle on a frappé en or l'emblème de Charles IX : deux colonnes surmontées d'une couronne et accompagnées de la devise *Pietate et justicia*.

46. — Saint Jean Damascène. Histoire de Barlaam et de Josaphat, traduit par Jean de Billy. Paris, 1578. In-8.

> Reliure mar. olive à comp. tr. dorée, exécutée pour Henri III. Cruciflement sur les plats et au dos, les armes de France, l'emblème de la tête de mort et la devise : *Spes mea Deus*.

47. — Erizzo (S.) Discorso sopra le medaglie antiche. Venise, 1559. In-8.

> Reliure en vélin blanc aux armes (France et Pologne), de Henri III.

48. — Ciceronis Opera omnia. S. L. 1596. In-4.

> Reliure mar. vert aux armes de Henri IV (France et Navarre). Les plats, ainsi que le dos, sont parsemés à l'infini de dauphins alternant avec les fleurs de lis.

49. — Ann-Senecæ Tragædiæ. Lyon, 1589. In-12.

> Reliure mar. vert à comp. avec semis de marguerites, tr. dorée, exécutée pour Marguerite de Valois, première femme de Henri IV.

50. — Cauvigny (François de). Discours de l'autorité des Roys. Paris, 1623. In-4.

> Reliure mar. brun tr. dorée, au chiffre de Marie de Médicis, à qui cet exemplaire à été offert.

51. — La Milice des Grecs et des Romains, traduite en françois du grec d'Aélian et de Polybe, par Louis de Machault. Paris, 1615. In-folio.

> Exemplaire de dédicace au roi Louis XIII. Les plats et le dos de la reliure en mar. rouge sont semés d'L couronnés et de fleurs de lis.

52. — Paraphrase des Psaumes de David, par Ant. Godeau. Paris, 1648. In-4.

> Exemplaire de la reine Anne d'Autriche. — Reliure mar. rouge tr. dorée aux armes et au chiffre d'Anne d'Autriche.

* — Fêtes de Versailles, contenant les Plaisirs de l'Ile enchantée. Paris, 1673. In-folio.

> Reliure mar. rouge tr. dorée, aux armes de France et au chiffre de Louis XIV. — Voyez ci-dessus, n° 28.

53. — Catherine Levêque. Le Triomphe de la Croix. Paris, 1668. In-8.

> Reliure mar. rouge aux armes de Marie-Thérèse, femme de Louis XIV.

54. — Sacre et couronnement de Louis XVI. Paris, 1775. In-4.

> Exemplaire relié en mar. rouge à dent. tr. dor., aux armes (France et Autriche) de Marie-Antoinette.

* — Eloges et discours sur la triomphante réception du roi en sa ville de Paris, après la réduction de La Rochelle. Paris, 1629. In-folio.

> Reliure mar. vert fleurdelisée, tr. dor., aux armes de la ville de Paris. — Voyez ci-dessus, n° 27.

55. — Xenophontis quæ extant Opera (Graece). Paris, 1581. In-folio.

> Exemplaire de dédicace dans une riche reliure du XVIe siècle, mar. rouge, tr. dor. (reliure à la fanfare), présenté à Jacques Ier, roi d'Angleterre.

* — Cicéron. De officiis libri. Mayence, 1466. In-4 sur vélin.

> Reliure du xvᵉ siècle avec coins en cuivre et fermoirs. — Voyez ci-dessus, nº 10.

56. — Diodori Siculi Bibliothecæ historicæ libri XVII. Lyon, 1559. In-12.

> Reliure mosaïque du xviᵉ siècle, portant la date 1562, aux armes de la maison d'Orléans.

57. — Paschal (Pierre). Henrici II, Galliarum regis, elogium. Paris, 1560. In-folio.

> Exemplaire ayant appartenu au connétable Anne de Montmorency. Reliure veau fauve, à comp. de couleur, tranche dorée, aux armes du connétable.

58. — J. Peletier du Mans. L'Arithmétique (et l'algèbre). Lyon 1554. In-8.

> Reliure du xviᵉ siècle à comp. aux armes du cardinal Charles de Lorraine, archevêque de Reims.

59. — Valerius Maximus nuper editus. Venise, Alde, 1534. In-8.

> Reliure mar. br. à comp. faite pour Grolier dont le nom et la devise se trouvent sur les plats du volume.

60. — Alberti. De viris illustribus ordinis prædicatorum, libri VI. Bologne, 1517. In-folio.

> Exemplaire de Grolier. Reliure veau fauve, à comp., portant le nom et la devise de Grolier.

61. — Marci. Vigerii Decachordum christianum Julio II Pont. Max. dicatum. Fano, 1507. In-folio.

> Reliure veau fauve, à comp., avec le nom et la devise de Grolier.

62. — I sacri Psalmi di David tradotti in lingua toscana per A. Brucioli. Venise, 1534. In-4.

> Reliure mar. vert, à comp. dorés, portant le nom et la devise de Thomas Maioli. Cet exemplaire paraît avoir aussi appartenu à Grolier dont la devise « *Portio mea, Domine, sit in terra viventium* » se lit sur le titre, ainsi que deux autres lignes de la main de Grolier.

63. — Herodoti Halic. Hist. patris, Musæ, L. Valla interprete. Paris, 1528. In-folio. — Thucydidis de bello Peloponesiaco libri VIII a L. Valla translat. Paris, 1520. In-folio.

> Exemplaire ayant appartenu à Th. Maioli. Reliure mar. brun à compart. de couleurs, portant le nom et la devise de Maioli.

64. — Valerii Maximi dictorum factorum que memorabilium Exempla. Lyon, 1545. In-8.

> Reliure mar. brun, à compart., exécutée pour Demetrio Canevari. Sur chacun des plats, se trouve un médaillon avec l'emblème adopté par Canevari : Apollon conduisant son char sur les flots de la mer.

65. — Macrobii in somnium Scipionis expos. etc. Lyon, 1560. In-12.

> Reliure du xvie, à compart., exécutée pour Louis du Lis (de la famille de Jeanne d'Arc), dont elle porte les armes.

66. — Catulli, Tibulli, Propertii, nova editio, J. Scaliger recensuit. Paris, 1577. In-8.

> Reliure du xvie siècle, mar. vert, à comp. (à la Fanfare), aux premières armes de Jacques-Auguste de Thou.

67. — Desportes. Œuvres. Paris, 1600. In-8.

> Reliure du xvie siècle, à riches comp. dor. mar. olive (à la Fanfare), exécutée pour Philippe Desportes dont le chiffre se trouve sur les plats.

68. — Recueil des guerres et traictez d'entre les roys de France et d'Angleterre, par Jehan du Tillet, sieur de la Bussière. Paris, 1538. In-folio.

> Reliure mar. citr., à compartiments dor. (reliure à la Fanfare). Sur les plats on a frappé après coup les armes de F. Brunet, président de la Chambre des comptes de Paris.

69. — La Morosophie de Guillaume de La Perrière. Lyon, 1553. In-8.

> Reliure du xvie siècle, mar. brun, à comp., tr. dor.

70. — Les Œuvres de G. de Salluste, seigneur du Bartas. Paris, 1583. In-12.

> Reliure du xvie siècle, mar. vert, à compartiments, tr. dor.

71. — Du Plessis Mornay. Réponse au livre publié par le sieur Evesque d'Évreux (Jacques Davy Du Perron), sur la conférence tenue à Fontainebleau le 4 mai 1600. Saumur, 1602. In-4.

> Exemplaire de Philippe du Plessis de Mornay. Rel. mar. brun, à comp., tr. dor.

72. — Dictys Cretensis de Bello Trojano. Amsterdam, 1631. In-24.

> Reliure mar. rouge, tr. dor., aux armes du cardinal de Richelieu.

73. — L'Homme criminel, par le R. P. Senault. Paris, 1644. In-4.

Exemplaire aux armes du cardinal de Retz. Reliure mar. rouge, à comp. dorés à petits fers (Le Gascon).

74. — La perpétuité de la foy, par P. Nicole. Paris, 1672. In-12.

Reliure mar. rouge, tr. dor., aux armes de Paule de Gondy, duchesse de Lesdiguières.

75. — Les Œuvres de M. Sarazin. Paris, 1656. In-4.

Exemplaire aux armes de Nicolas Fouquet. Reliure mar. rouge, à comp. dorés à petits fers (Le Gascon).

76. — Chaîne historique ou l'histoire sacrée et profane réduites en tables par Ignace Poindreux. Paris, 1668. In-folio.

Exemplaire de dédicace présenté à Colbert. Reliure mar. rouge, tr. dor., aux armes de Colbert.

77. — C. Sallustii quæ extant, cum selectis variorum observat. ex recensione A. Thysii. Leyde, 1654. In-8.

Reliure mar. rouge, à comp., aux armes de Du Fresnoy.

78. — Les sentiments de l'Académie française sur la tragi-comédie du Cid. Paris, 1638. In-8.

Reliure mar. rouge, aux armes du chancelier Seguier.

79. — Œuvres du sieur de La Chapelle. Paris, 1700. In-8, 2 vol.

Exemplaire mar. rouge, aux armes de Mme de Chamillard.

80. — Heures à l'usage de Rome. Paris, Gilles Hardouyn, vers 1516. In-8. Imprimé sur vélin.

Reliure mar. rouge, à riches compartiments dorés à petits fers, tr. dor., fermoirs en vermeil (Le Gascon). On remarque sur les plats du livre deux C entrelacés.

81. — Biblia sacra Vulgatæ editionis Sixti Quinti Pont. Max. Iussu recognita atque edita. Cologne, 1630. In-8.

Reliure mar. rouge, à comp. dor. à petits fers au pointillé, tr. dor. et peinte (Le Gascon).

82. — La même Bible.

Reliure du genre de celles dites *à l'Eventail,* mar. rouge, à comp. dor., tr. dor. et peinte.

83. — Anacréon. Paris, 1639. In-4.

Reliure mar. rouge, à riches comp. dorés à petits fers au pointillé, tr. dor. (Le Gascon).

84. — Heures manuscrites du xvie siècle ornées de très belles peintures. In-8.

> Reliure mar. rouge, à comp. dorés à petits fers au pointillé (Le Gascon).

85. — Adonis, poëme par La Fontaine, dédié à Fouquet. Manuscrit exécuté par Jarry, en 1658, et présenté à Fouquet par La Fontaine. In-4.

> Reliure mar. rouge, à riches compartiments dorés à petits fers au pointillé (Le Gascon).

86. — Breviarium secundum usum Romanæ curæ et ritum fratrum minorum. Manuscrit du xve siècle sur vélin, orné de 41 peintures d'une grande beauté. Petit in-folio.

> Reliure du xviiie siècle, mar. citrons à riches compartiments en mosaïque de mar. bleu et rouge, avec ornements dorés à petits fers. Les plats sont doublés de mar bleu dent., tr. dor. (Padeloup).

87. — Constitutiones Societatis Jesu. Rome, 1583. In-8.

> Reliure du xviiie siècle, mar. citr, à comp. en mosaïque de mar. bleu et vert. Les plats doublés de mar. rouge portent à l'intérieur les armes du duc de Brancas-Lauraguais. (Padeloup).

88. — Catullus, Tibullus, Propertius. Paris, 1543. In-12.

> Reliure mosaïque du xviiie siècle, doublée de mar. bleu. (Padeloup).

89. — Giordano Bruno. Spaccio de la Bestia trionfante. Paris, 1584. In-8.

> Reliure du xviiie siècle, mar. citr., à comp. en mosaïque. (Padeloup).

90. — Alamanni. Gyrone il cortese. Paris, 1548. In-4.

> Reliure m. r. dent. du xviiie siècle (Derome).

91. — Les Fanfares et Courvées abbadesques des Roule-Bontemps de la haute et basse Cocaigne et dépendances, par I. P. A. Chambéry, 1613. In-8.

> Reliure de Thouvenin, imitée des reliures à compartiments, avec volutes et branches de feuillage de la fin du xvie siècle, reliures dites depuis à *la Fanfare*.

M. Félix FAURE.

Quatre-vingt une feuilles de papiers filigranés.

MM. FONTAINE et HAVERNA.

1. — Missel de Charles VI.

    Manuscrit du commencement du xve siècle, sur vélin, orné de 537 miniatures. Format in-folio. — École de Touraine.

2. — Missel de l'église de Tours.

    Manuscrit du commencement du xvie siècle, sur vélin, orné de 24 miniatures. Format in-folio. — École de Touraine.

3. — Heures à l'usage d'Angers, imprimées pour Simon Vostre (en 1510), in-8.

    Reliure du xvie siècle, à mosaïque.

4. — Missale romanum. Parisiis, apud Jacobum Kerver, 1578. In-folio.

    Reliure du xvie siècle, exécutée par Clovis Eve.

5. — Ariosto. Orlando furioso. Parigi, 1778. 4 volumes in-4, avec gravures.

    Reliure du xviiie siècle, avec dentelle, exécutée par Derome.

6. — Ariosto. Orlando furioso. Venetia, Vinc. Valgrisi, 1562. In-4.

    Reliure italienne du xvie siècle, aux armes des Médicis.

7. — Catullus, Tibullus, Propertius. Lugduni, Seb. Gryphius, 1548. In-16.

    Reliure lyonnaise du xvie siècle, à mosaïque.

8. — L'Eneide di Virgilio, trad. del commendatore Annibal Caro. Parigi, 1760. 2 vol. in-8, avec gravures et dessins originaux de Zocchi.

    Reliure du xviiie siècle, par Derome.

9. — Pensées de Pascal. Paris, 1734, in-12.

    Reliure du xviiie siècle, aux armes de la duchesse douairière de Conti-Condé.

10. — Homère. Iliade et Odyssée, traduction de Mme Dacier. Paris, 1756, 8 vol. in-12.

    Reliure du xviiie siècle, aux armes de la comtesse d'Artois.

M. GERBU.

1. — Heures à l'usage de Rome.

> Petit livre d'heures très rare non indiqué par Brunet. — Exemplaire imprimé sur vélin, orné de miniatures et d'initiales peintes. — On lit en bas de quelques feuillets des quatrains amoureux, d'une écriture du temps, suivis d'un monogramme. Paraît avoir appartenu à la duchesse d'Etampes. — De la bibliothèque de M. Yemeniz avec son ex-libris, n° 107 du catalogue ; provient de la vente Huillard en 1870, n° 34 du catalogue. — Un feuillet sur vélin, manuscrit, en caractères gothiques, contient une prière à Jésus. — On lit à la fin : « Ces présentes heures à l'usage de Rome, toutes au long sans rien requérir, ont esté nouvellement imprimées à Paris, pour Germain Hardouyn, libraire, demeurant audit lieu entre les deux portes du Palais, à l'enseigne Saincte-Marguerite. » — Almanach de 1516 à 1537, in-16 lettres rondes, maroquin bleu, filets tranche dorée, relié par Duru.

2. — Pierre du Moulin. Anatomie de la messe. Troisième édition revue et augmentée. A Leyde, chez Bonaventure et Abraham Elzevier, 1638, petit in-12, reliure ancienne en vélin blanc.

> Exemplaire de M. Jules Renard avec son ex-libris, vente 1881, n° 169 du catalogue. A appartenu à M. de la Villestreux.

3. Thomas à Kempis. De imitatione Christi libri quatuor. Lugduni Batav., apud Jeh. et Dan. Elzevirios.

> Sans date, titre gravé, un volume petit in-12 ; maroquin rouge plein, doublé de tabis, dentelle, dos orné, tranche dorée, reliure ancienne. — Haut., 0ᵐ,124.

4. — Charron (Pierre). De la sagesse. A Leyde, chez Jean Elzevier, sans date.

> Petit in-12, titre gravé ; maroquin, olive plein, tranche dorée, dos orné, reliure ancienne. — Exemplaire du comte Kalnoki avec son ex-libris. — Haut., 0ᵐ,135.

5. — La satyre Ménippée, de la vertu du catholicon d'Espagne.

> A Ratisbonne chez Mathias Kerner, 1664, à la sphère, petit in-12 ; maroquin rouge, filet, dentelle intérieure. Avec les figures de la procession et des deux charlatans. Tranche dorée, reliure de Brany.

LIVRES A FIGURES

TIRÉS DE LA COLLECTION

De M. Louis GONSE

XVᵉ SIÈCLE ET COMMENCEMENT DU XVIᵉ.
(De 1470 à 1535).

---

1. — DEFENSORIUM VIRGINITATIS MARIÆ VIRGINIS. Sans lieu ni date (circà 1470), in-8.

> Précieux exemplaire d'un livre célèbre par sa rareté et son intérêt au point de vue de l'histoire de la gravure sur bois en Allemagne.

2. — ROSARIUM BEATÆ MARIÆ VIRGINIS. Sans lieu ni date. (Gouda, Gérard de Leeu, 1479), in-16.

> Exemplaire unique et infiniment précieux (voyez les « Annales de la typographie néerlandaise » par Campbell) de cet incunable de tout petit format. Gravures sur bois de l'école de Cologne.

3. — ITINERARIUM BEATÆ MARIÆ VIRGINIS. Sans lieu ni date (Memmingen, Albert Kune), circà 1485, in-8.

> Mystique rarissime illustré de gravures sur bois d'un style remarquable.

4. — ARS MORIENDI. Sans lieu ni date (circà 1480), in-8.

> Copies des figures d'une des éditions xylographiques de « l'Ars moriendi ».

5. — BIDPAY. *Directorium humanæ vitæ.* Augsbourg (circà 1480), in-folio.

> Cet ouvrage est, avec les Fables de Boner, le plus ancien recueil de fables illustrées.

6. — ANDREAS DE ESCOBAR. *Modus confitendi.* Rome (circà 1480), très petit in-4.

> Figures sur bois.

7. — **Philippus de Barberiis**. *Opuscula*. Rome, Philippe de Lignamine, 1481, petit in-8.

> Volume de la plus extrême rareté et célèbre par ses figures gravées en relief sur métal.

8. — **La Commedia di Dante**, avec le commentaire de Chr. Landino. Venetiis, Bernardino de Benaliis et Matheo di Parma, 1491, in-folio.

> Admirables illustrations gravées sur bois.

9. — **Hyginus**. *Astronomicon opus*. Venise, 1482, in-4°.

> Figures sur bois.

10. — **Beato Laurenzo patriarcha**. *Della vita monastica*. Venise, 1494, in-4.

> Figures sur bois du plus beau style.

11. — **Biblia latina**. Venetiis, Bevilacqua, 1498, in-4.

> Édition de la Bible, dite de Mallermi, illustrée de charmantes gravures sur bois de l'école vénitienne du xve siècle.

12. — **Musæus**. *Ovidii Metamorphoses*. Venetiis, Georgius de Rusconibus, 1509, in-folio.

> Précieuse édition des *Métamorphoses*, illustrée dans le style de l'*Hypnérotomachie*.

13. — **Opera nova contemplativa**. Venise (circà 1510), petit in-8.

> Gravure sur bois de *Zuan Andrea*. Ce livret fort rare est le seul *xylographe* exécuté en Italie.

14. — **Andreas Fulvius**. *Illustrium imagines*. Rome, Mazochius, 1517, petit in-8.

> Figures sur bois d'un style remarquable.

15. — **Publii Virgilii opera**. Venise, Georgius de Rusconibus, 1520, in-8.

> Figures sur bois.

16. — **Psalmi Davidis**. Sans lieu ni date (Venise, circà 1520).

> Figures sur bois dans le style de *Zuan Andrea*.

17. — **Vite di Plutarcho**. Sans lieu (Venise), Zoppino, 1525, in-4.

> Figures sur bois.

18. — EPISTOLE D'OVIDIO. Venise, Bernardino de Vitali, 1532, petit in-8.

> Figures sur bois.

19. — JEAN DE MEDER. *Quadragesimale novum.* Bâle, Michel Furter, 1495, petit in-8.

> Superbes gravures sur bois de l'école de Bâle. — Première édition.

20. — METHODIUS. *Primum Olympiade.* Bâle, Michel Furter, 1498, in-4.

> Livre des plus curieux et à peu près inconnu, orné de 61 gravures sur bois par le même artiste que le n° précédent.

21. — SÉBASTIEN BRANDT. *Stutilfera navis.* Bâle, Bergman de Olpe, 1497, in-4.

> Premier tirage de cette célèbre édition de la *Nef des Fous.*

22. — SÉBASTIEN BRANDT. *Stultifera navis.* Bâle, B. de Olpe, 1498, in-4.

> Deuxième édition.

23. — IODOCUS BADIUS. *Stultiferæ naviculæ.* Strasbourg, Prusz, 1502, in-4.

> Édition rarissime de la *Nef des Folles.*

24. — NAVIS STULTIFERE. Paris, de Marnef, 1515.

> Copie parisienne des figures de Bâle.

25. — LAVACRUM CONSCIENTIE. Cologne, Henri de Quentell, 1499, in-4.

> Figure sur bois sur le titre.

26. — RATIONARIUM EVANGELISTARUM. Pforzheim, 1505, in-8.

> Copie de l' « Ars memorandi » xylographique.

27. — PASSIO CHRISTI. Strasbourg, Knoblouch, 1505, in-folio.

> Premier tirage de la belle suite gravée par *Urse Graf.*

28. — PINDER. *Speculum Passionis.* Nuremberg, 1507, in-folio.

> Première édition des figures de *Hans Scheufflein.*

29. — PASSIO JESU-CHRISTI. Bâle, Pierre de Langendorff, 1509, in-4.

> Figures sur bois d'*Urse Graf.*

30. — JEAN GERSON. *De Passione Domini.* Strasbourg, 1510, in-4.

> Frontispice par *Hans Guldinmundt.*

31. — ÉRASME. *Stultitiæ Laus.* Bâle, Froben, sans date, in-4.
> Édition originale. Encadrement dessiné par *Urse Graf.*

32. — JEAN DE TAMBACO. *Speculum patientie.* Nuremberg, Hœltzel, 1514, in-4.
> Figures sur bois dans le style d'*Hans Burgkmaier*, plutôt que d'Albert Dürer, auquel elles ont été attribuées.

33. — HORTULUS ANIME. Strasbourg, Knoblouch, 1508, in-12.
> Figures sur bois d'*Urse Graf.*

34. — HORTULUS ANIME. Nuremberg, Peypus, 1519, petit in-8.
> Petit livre remarquablement illustré par *Hans Springklee.*

35. — HORTULUS ANIME. Bâle, Thomas Wolf, 1519, petit in-12.
> Figures sur bois par *Urse Graf.*

36. — EIN TROSTLICHE CHRISTENLICHE ANWEISUNG, etc. Nuremberg, Peypus, 1521, in-4.
> Encadrement dans le style de *Springklee.*

37. — LIBER HENRICI CONTRA FORTUNAM. Paris, Mareschal, 1591, in-4.
> Figures sur bois.

38. — HORÆ BEATÆ MARIÆ VIRGINIS AD USUM ROMANUM. Paris, Jean Barbier et Guillaume Le Rouge, 1509, in-12.
> Petites heures rarissimes de *Le Rouge*, imprimées sur vélin.

39. — SIMON VOSTRE. *Heures à l'usage de Paris.* Paris, 1515, petit in-8.
> Ces heures sont les plus belles et les plus complètes que l'atelier de Simon Vostre ait produites. Les grandes planches sont de trois mains différentes. Exemplaire provenant de M. Niel et le seul connu avec celui qui se trouvait dans la bibliothèque Firmin-Didot.

40. — HEURES A L'USAGE DE ROME. Paris, Germain Hardouyn, sans date, in-8.
> Heures remarquables sur vélin.

41. — Horæ ad usum Romanum. Paris, Pierre Roffet, 1527, in-12.

> Édition de toute rareté des Heures de la Vierge, illustrée de gravures de l'école allemande. *Exemplaire de François Ier.*

41 bis. Encomium trium Marianum. Paris, Josse Bade et Galliot du Pré, 1529, in-4.

> Figures sur bois.

42. — Devotissimæ meditationes. Augsbourg, Sigismond Grimm, 1520, in-12.

> Petite suite rarissime de *Hans Burgkmaier.*

43. — Alardus. *Passio Jesu-Christi.* Amsterdam, Dodo Petrus, 1523, in-12 carré.

> Premier livre imprimé à Amsterdam. Gravures sur bois de *Walter Van Assen,* d'un style original et puissant. Livre de la plus extrême rareté.

44. — Alardus. *Ritus edendi.* Amsterdam, Dodo Petrus, 1523, in-4.

> Exemplaire peut-être unique de cet opuscule illustré par *Walter Van Assen,* et orné d'un portrait d'Alardus dans le style de *Holbein.*

45. — Rosarium mysticum. Sans lieu (Anvers), ex officina Euchariana, 1531, in-12.

> Première édition de cette suite rééditée en 1533, chez Martin Lempereur, et attribuée à *Walter Van Assen.*

46. — Ovide. *Le Metamorphosi.* Venise, Zoppino, 1533, in-8.

> Édition illustrée de curieuses figures sur bois.

47. — Imperatorum et cæsarum vitæ. Strasbourg, Wolfgang Cefalœus, 1534, petit in-4.

> Intéressante suite de gravures sur bois.

XVIe SIÈCLE
(de 1535 à 1600).

48. — Velmatius. *Carmina.* Venise, 1538, in-4.

> Livre précieux et rare illustré de gravures sur bois d'une beauté remarquable dans le style de *Garfagnino.*

49. — DE MIRABILIBUS VITÆ HUMANÆ NATURALIA FUN-DAMENTA. Venetiis, Bernardinus de Vianis de Lexona, 1543, in-12.

> Petit livre de médecine. Admirable portrait d'Angelo di Forte gravé sur bois très probablement par *Garfagnino*.

50. — BOCCACCIO. *Il Decamerone*. Venise, Gabriel Giolito, 1550, in-4.

> Édition illustrée de vignettes sur bois, style très élégant.

51. — IMARMI DEL DONI. Venise, Marcolini, 1552, in-4.

> Portraits et figures par *Garfagnino*,

52. — LODOVICO DOLÇE. *Le Trasformationi d'Ovidio*. Venise, Giolito, 1553, in-4.

> Charmante gravures sur bois de l'école de Venise au XVI° siècle.

53. — LODOVICO DOLCE. *Imprese*. Venise, Ziletti, 1563, in-folio.

> Remarquables gravures d'emblèmes à l'eau forte dans des encadrements.

54. — ÆNEAS VICUS. *Discorso soprà le medaglie antiche*. Venise, Giolito, 1555, in-4.

> Figures et portrait de Cosme de Médicis par *Æneas Vicus*.

55. — ÆNEAS VICUS. *Le Imagini delle donne Auguste*. Venise, Æneas Vicus, 1557, in-4.

> Figures gravées sur cuivre par *Æneas Vicus*.

56. — CONTEMPLATIO VITÆ CHRISTI. Venetiis, Valgrisius (Pierre Vaugris), 1557, in-12.

> A. Firmin-Didot signale ce charmant petit volume comme le type le plus fin de la gravure sur bois à Venise au XVI° siècle.

57. — FAERNE. *Centum fabulæ*. Rome, Vincent Luchinus, 1565, in-4.

> Premier tirage de cette curieuse suite d'eaux-fortes.

58. — LODOVICO PITTORIO DI FERRARA. *Homiliario quadragesimale*. Venise, Chriegher, 1568, in-4.

> Nombreuses illustrations sur bois.

59. — VERDIZOTTI. *Cento favole morali*. Venise, Ziletti, 1570, petit in-4.

> Célèbre suite de bois gravés d'après les dessins du *Titien*.

60. — G. SIMEONI. *Figure del Nuovo Testamento*. Venise, Bevilacqua, 1574, in-12.

> Suite remarquable et fort peu connue.

61. — A. Bocchius. *Symbolicæ quæstiones*. Bologne, 1555, in-8.

> Première édition de cette suite bien connue de gravures sur cuivre de *Bonasone*, dans le style de Marc-Antoine.

62. — A. Bocchius. *Symbolicæ quæstiones*. Bologne, 1574, grand in-8.

> Deuxième édition de la suite gravée par *Bonasone*. On y voit la première représentation de la guillotine.

63. — Apologetica responsio contra dogmata. Bâle, Gengenbach, 1518, in-4.

> Encadrement dessiné par *Hans Holbein*.

64. — Érasme. *Institutio principis christiani*. Bâle, Jean Froben, 1518, in-4.

> Encadrements gravés sur bois d'après *Holbein*.

65. — Érasme. *Epigrammata*. Bâle, Froben, 1518, in-4.

> Encadrement dessiné par *Holbein*.

66. — Thomas Morus. *Epigrammata*. Bâle, Jean Froben, 1518, in-4.

> Encadrement dessiné par *Holbein*.

67. — Thomas Morus. *De optimo republicæ stati*. Bâle, Jean Froben, 1518, in-4.

> Encadrements et figures sur bois de *Holbein*.

68. — Polydore Vergile. *Adagia*, etc. Bâle, Froben, 1525, in-folio.

> Encadrement gravé sur bois par Lutzelburger d'après *Holbein*

68 *bis*. — Érasme. *La complainte de la paix*. Sans lieu ni date. Lyon, circà 1530.

> Figures sur bois au titre, d'après le dessin de *Holbein*.

68 *ter*. Horatii opera. Lyon, Trechsel, 1533, petit in-4.

> Marque dessinée par *Hans Holbein*

69. — Bourbon de Vandœuvre. *Nugæ*. Lyon, Gryphe, 1538, petit in-8.

> Portrait de Bourbon de Vandœuvre dessiné par *Holbein*.

70. — Hans Holbein. *Historiarum veteris instrumenti icones*. Lyon, Melchior et Gaspard Trechsel, 1538, in-8.

> Première et précieuse édition de la célèbre suite de *Holbein*.

71. — HANS HOLBEIN. *Icones Historiarum veteris Testamenti.* Lyon, Jean Frellon, 1547, in-8.

> Édition la plus complète de la suite précédente, dessinée par *Holbein* et gravée en partie par *Lutzelburger.*

72. — YMAGINES DE LAS HISTORIAS DEL VIEJO TESTAMENTO. Anvers, Stelsius, 1540, in-4.

> Copies anversoises des figures de *Holbein.*

73. — HANS HOLBEIN. *Les Simulachres et historiées faces de la mort.* Lyon, Soubz l'escu de Coloigne (Trechsel), 1538, in-8.

> Première édition de la célèbre suite des Simulacres de la mort de *Holbein,* gravée par *Lutzelburger.*

74. — HOLBEIN. *Simolachri della morte.* Lyon, J. Frellon, 1549, in-12.

75. — HOLBEIN. *Icones mortis.* Bâle, 1554, in-12.

> Édition de Bâle des figures parues antérieurement à Lyon.

76. — HOLBEIN. *Imagines mortis.* Cologne, Birckmann, 1555, in-12.

> Copie allemande de la suite de *Holbein.*

77. — HOLBEIN. *Les images de la mort.* Lyon, Jean Frellon, 1562, in-12.

> Édition la plus complète des compositions de *Holbein.*

78. — TESTAMENTUM NOVUM. Lyon, Jean Frellon, 1553, in-16.

> Charmantes gravures sur bois dans le style de *Holbein.* Petit livre peu connu.

78 bis. — ÉRASME, *Encomium Moriæ.* Bâle, 1676, in 8°.

> Copies des dessins de *Holbein* pour l' « Éloge de la Folie », conservés à la Bibliothèque de Bâle.

79. — ALCIAT. *Emblematum liber.* Augsbourg, H. Steyner, 1531, in-12.

> Première édition des Emblèmes d'Alciat, publiée par son ami Peutinger et illustrée par *Hans Burgmaier.* Livre de toute rareté.

80. — ALCIAT. *Emblematum libellus.* Paris, Wechel, 1534, in-12.

> Première illustration parisienne des Emblèmes d'Alciat. — Premier tirage.

81. — ALCIAT. *Emblèmes.* Paris, Chrestien Wechel, 1542, in-12.

> Édition la plus complète de cette illustration parisienne des Emblèmes d'Alciat.

82. — ALCIAT. *Emblematum libellus.* Venise, Alde, 1546, in-12.

> Illustration aldine précieuse et rare des Emblèmes d'Alciat.

83. — ALCIAT. *Emblematum libellus.* Lyon, Jacques Moderne, 1543, petit in-8.

> Première illustration lyonnaise des Emblèmes d'Alciat. Édition non citée.

84. — ALCIAT. *Emblematum libellus.* Lyon, Jean de Tournes, 1547, in-16.

> Premier tirage des figures du *Petit Bernard.*

85. — ALCIAT. *Emblèmes.* Lyon, Jean de Tournes, 1548, in-16.

> Première édition de la traduction française de la suite du *Petit Bernard.*

86. — ALCIAT. *Emblèmata.* Lyon, Guillaume Rouille, 1548, in-8.

> Premier tirage de ces célèbres figures de l'artiste au monogramme P. V., dont on n'a pu faire jusqu'à présent l'identification.

87. — ALCIAT. *Emblèmes.* Lyon, Guillaume Rouille, 1549, in-8.

> Première traduction française donnée par Guillaume Rouille avec les figures au monogramme P. V.

88. — ALCIAT. *Emblemata.* Lyon, Mathieu Bonhomme, 1551, in-8.

> Édition la plus complète de la suite de Rouille au monogramme P. V.

89. — ALCIAT. *Emblèmata.* Francfort, Georges Corvinus, 1567, in-12.

> Édition des Emblèmes d'Alciat avec les figures de *Virgile Solis.*

90. — ALCIAT. *Emblemata.* Anvers, Plantin, 1577, petit in-8.

> Première illustration plantinienne des Emblèmes d'Alciat.

91. — GUILLAUME DE LA PERRIÈRE. *Le Théâtre des bons engins.* Paris, Denys Janot, 1539, petit in-8.

> Première édition de ce livre délicieusement illustré par les mêmes mains que « l'Hécatongraphie ».

92. — GUILLAUME DE LA PERRIÈRE. *Le Théâtre des bons engins.* Paris, Étienne Groulleau, 1554, in-16.

> Autre édition.

93. — GILLES CORROZET. *Hécatongraphie.* Paris, Denys Janot, 1543, petit in-8.

> Cette édition est la plus belle de ce livre, l'un des types les plus parfaits de la gravure sur bois en France au xvie siècle.

94. — LE PETIT ANGEVIN. *Les Figures de l'Apocalypse.* Paris, Étienne Groulleau, 1547, in-12.

Chef-d'œuvre de l'art parisien au XVIᵉ siècle.

95. — LE TABLEAU DE CÉBÈS. Paris, Denys Janot, sans date, in-12.

Autre petit chef-d'œuvre de la gravure française au XVIᵉ siècle.

96. — SANCTI EVANGELII. Paris, Jean Ruelle, 1554, in-16.

Gravures dans le même style que les volumes qui précèdent. Elles portent le monogramme de Jean Ruelle lui-même — Petit volume non cité par les bibliographes et très probablement celui dont parle A. Firmin-Didot dans son *Essai sur la gravure sur bois* (p. 170), mais dont il n'a pu voir aucun exemplaire.

97. — LES CENT CINQUANTE PSALMES DE DAVID. Paris, Jean Ruelle, 1554, in-12.

Charmantes figures sur bois de l'école parisienne : de la même main que le numéro précédent. — Petit volume fort peu connu.

98 — PAUL JOVE. *Vies des douze ducs de Milan.* Paris, Robert Estienne, 1549, in-4.

Portraits gravés par *Geoffroy Tory.*

99. — THOMAS MORUS. *La Description de l'Isle d'Utopie.* Paris, Ch. L'Angelier, 1550, petit in-8.

Première édition française de l' « Ile d'Utopie »; gravures sur bois.

100. — ORUS APOLLO. *De l'Égypte.* Paris, Kervor, 1543, in-12.

Première édition de ces figures d'emblèmes gravées sur bois.

101. — ORUS APOLLO. *De sacris Œgyptiorum notis.* Paris, Jean Ruelle, 1574, in-12.

Édition intéressante par la finesse de ses gravures sur bois, de pur style parisien. M. A. Firmin-Didot le rangeait dans la série des œuvres qu'il attribuait à *Jean Cousin.*

102. — MAURICE SCÈVE. *Délie, objet de plus haute vertu.* Paris, N. du Chemin, 1564, in-12.

Portrait de Maurice Scève et charmantes figures emblématiques gravées sur bois.

103. — EPITOME DES GESTES DES CINQUANTE-HUIT ROYS DE FRANCE, DEPUIS PHARAMOND JUSQUES AU PRÉ-

SENT TRÈS CHRESTIEN FRANÇOYS DE VALOIS. Lyon, Balthazar Arnoullet, 1546, in-4.

> Portraits des rois de France, gravés sur cuivre par *Claude Corneille.*

104. — GUILLAUME GUÉROULT. *Emblèmes et Blason des oyseaux.* Lyon, Balthazar Arnoullet, 1554, petit in-8.

> Petits livres d'emblèmes, célèbres par leur rareté. Exemplaire de Yéméniz le seul connu de Brunet.

105. — LÉONARD FUCHS. *Plantarum effigies.* Lyon, Balthazar Arnoullet, 1552, in-16.

> Figures sur bois d'une grande finesse.

106. — PICTA POESIS. Lyon, Mathieu Bonhomme, 1552, in-12.

> Figures du *Petit Bernard.*

107. — VITRUVE. *De Architectura.* Lyon, Jean de Tournes, 1552, in-4.

> Figures sur bois du *Petit Bernard.*

108. — CLAUDE PARADIN. *Quadrins historiques de la Bible.* Lyon, Jean de Tournes, 1553, petit in-8.

> Premier et précieux tirage des figures du *Petit Bernard.*

109. — MARAFFI. *Figure del Vecchio Testamento.* Lyon, Jean de Tournes, 1554, petit in-8.

> Traduction italienne des quadrins historiques de Paradin, illustrés par le *Petit Bernard.*

110. — CLAUDE PARADIN. *Quadrins historiques de la Bible.* Lyon, Jean de Tournes, 1555, petit in-8.

> Édition plus complète que l'édition de 1553 des figures du *Petit Bernard.*

111. — CHARLES FONTAINE. *Les Figures du Nouveau Testament.* Lyon, Jean de Tournes, 1554, petit in-8.

> Premier tirage non cité et très rare, avant le texte, des figures du *Petit Bernard.*

112. — S. CHAPUZEAU. *Figures de l'Ancien et du Nouveau Testament.* Genève, Samuel de Tournes, 1681, in-8.

> Cette édition, publiée à Genève par les successeurs de Jean de Tournes, est la plus complète et la dernière des célèbres figures du *Petit Bernard,* qui, particularité des plus intéressantes, est cité dans la préface comme l'auteur desdites figures. C'est un des rares renseignements que nous possédions sur le grand artiste lyonnais.

113. — PROMPTUAIRE DES MÉDAILLES. Lyon, Guillaume Rouille, 1553, in-4.

Première édition de cette remarquable suite de portaits.

114. — JAQUES DE STRADA. *Epitome du thrésor des antiquitez.* Lyon, Jaques de Strada et Thomas Guérin, 1553, grand in-8.

Figures attribuées au *Petit Bernard.*

115. — JULES OBSÉQUENT. *Des prodiges.* Lyon, Jean de Tournes, 1555, petit in-8.

Figures sur bois par le *Petit Bernard.*

116. — OVIDE. *La Métamorphose figurée.* Lyon, Jean de Tournes, 1557, petit in-8.

Figures sur bois, gravées par le *Petit Bernard.* Premier et précieux tirage de ce chef-d'œuvre de la typographie et de la gravure lyonnaises.

117. — GABRIEL SYMEONI. *La Vita e Metamorfoseo d'Ovidio in forma d'epigrammi.* Lyon, Jean de Tournes, 1559, petit in-8.

Édition italienne des célèbres figures du *Petit Bernard,* augmentée d'un appendice dans lequel se trouve notamment une représentation de la fontaine de Royat en Auvergne.

118. — POURTRAITS DIVERS. Lyon, Jean de Tournes, 1557, in-12.

Recueil très rare de figures du *Petit Bernard,* tirées sans texte.

119. — CLAUDE PARADIN. *Devises héroïques.* Lyon, Jean de Tournes et Guillaume Gazeau, 1557, petit in-8.

Gravures du *Petit Bernard.* — Première édition.

120. — GABRIEL SYMÉON. *Les illustres Observations antiques.* Lyon, Jean de Tournes, 1558, petit in-4.

'Livre orné de ravissantes illustrations par le *Petit Bernard.*

121. — INSIGNUM ALIQUOT VIRORUM ICONES. Lyon, Jean de Tournes, 1559, petit in-8.

Portraits dessinés par le *Petit Bernard.*

122 — DES FAITCZ ET GESTES DU ROY FRANÇOIS, PREMIER DE CE NOM. Sans lieu, ni date, petit in-8.

Charmant portrait de François Ier, gravé sur le titre.

123. — ENTRÉE DE HENRI II A LYON EN 1548. Lyon, Guillaume Rouille, 1549, in-8.

Édition italienne de cette entrée illustrée par le *Petit Bernard.*

124. — GUILLAUME DE LA PERRIÈRE. *La Morosophie.* Lyon, Macé Bonhomme, 1553, petit in-8.

> Chef-d'œuvre de l'art lyonnais au xvie siècle. Petit livre de la plus grande rareté. Gravures attribuées à *J. Mosnier* et *J. Perrin.*

125. — PETRUS COSTALIUS. *Pegma* Lyon, Mathieu Bonhomme, 1555, petit in-8.

> Première édition.

126. — G. DU CHOUL. *Discours sur la religion et sur la Castramétation des Romains.* Lyon, Guillaume Rouille, 1555 et 1556, in-folio.

> Nombreuses et remarquables illustrations sur bois du *Petit Bernard.*

127. — CLÉMENT MAROT. *Les trois premiers livres de la Métamorphose d'Ovide, mis en vers.* Lyon, Macé Bonhomme, 1556, petit in-8.

> Figures et encadrements du maître aux initiales P. V.

128. — GABRIEL SYMÉON et PAUL JOVE. *Le Sententiose imprese.* Lyon, Guillaume Rouille, 1562, in-4.

> Premier tirage.

129. — GUILLAUME GUÉROULT. *Figures de la Bible illustrées de huictains français.* Lyon, Guillaume Rouille, 1564, petit in-8.

> Suite complète des figures de *Jean Moni,* publiées par Rouille en concurrence avec celles du *Petit Bernard.* Première édition.

130. — GABRIEL CHAPPUYS. *Figures de la Bible déclarées par stances.* Lyon, Estienne Michel et Barthélemy Honorati, 1582, in-12.

> Contrefaçon des figures du *Petit Bernard.*

131. — GABRIEL CHAPPUYS. *Les Actes des apôtres.* Lyon, Barthélemy Honorati, 1582, petit in-8.

> Figures sur bois très remarquables attribuées à *Jean Moni.*

132. — FIGURE DEL NUOVO TESTAMENTO. Lyon, Guillaume Rouille, 1588, petit in-8.

> Figures très estimées de *Jean Moni.*

133. — JEAN CARTERON. *Vie de J.-C. par figures.* Lyon, Jean Carteron, 1662.

> Charmantes figures de l'école lyonnaise du xvie siècle publiées au xviie siècle.

134. — **J**EAN **M**ERCIER. *Emblemata.* Bourges, 1592, in-4.

Curieuses eaux-fortes d'un artiste provincial du nom de *Queyr.* Volume peu connu.

135. — **S**EBALD **B**EHAM. *Biblicæ Historiæ.* Francfort, vers 1536, petit in-4.

Premier tirage de cette suite célèbre de *Beham.*

136. — **S**EBALD **B**EHAM. *Figures de l'Apocalypse.* Francfort, Egenolphe, 1539, petit in-4.

Premier tirage de cette seconde suite de *Beham.*

137. — **S**EBALD **B**EHAM. *Imaginum in Apocalypsi Johannis descriptio.* Francfort, Egenolphe, 1540, in-4.

Deuxième édition de la suite de *Beham.*

138. — **D**OCTRINA, **VITA ET PASSIO** **J**ESU **C**HRISTI. Francfort, Egenolphe, 1537, in-8.

Suite gravée par *Hans Scheufflein.*

139. — **R**ODOLPHUS **G**UALTHERUS. *Argumenta in sacra Biblia.* Francfort, 1556, petit in-8.

Figures sur bois de *Hans Brosamer* (V. Brulliot).

140. — **V**IRGILE **S**OLIS. *Biblische figuren des Neuwen Testaments.* Francfort, Feyrabend, 1562, in-4 oblong.

Suite remarquable par ses encadrements gravés sur bois par *Virgile Solis.*

141. — **O**VIDE. *Métamorphoses.* — Francfort, Georges Corvinus, 1563, in-12.

Première édition de cette suite de *Virgile Solis.*

142. — **J**OHAN **B**OCKSPERGER. *Neuve Biblische figuren des alten und Neuwen Testaments.* Francfort, Feyrabend, 1564, in-4 oblong.

Recueil de 130 gravures sur bois dessinées *Bocksperger.*

142 *bis.* — **J**OST **A**MMAN. *Biblia sacra.* Francfort, Feyrabend, 1571, in-8.

Premier tirage de cette suite, l'une des plus remarquables de *Jost Amman.*

143. — **J**OST **A**MMAN. *De omnibus illiberalibus artibus liber.* Francfort, Corvinus et Feyrabend, 1573, in-12.

Livre très intéressant sur les métiers, illustré par *Jost Amman.*

144. — Icones novi testamenti et neuwe livische figuren. Francfort, Feyrabend, 1573, in-4 oblong.

> Figures du Nouveau Testament et de Tite Live, par *Jost Amman.*

145. — Icones catecheseos. Wittemberg, Jean Craton, 1569, in-12.

> Curieuses figures sur bois attribuées à *Cranach.*

146. — Antithesis Christi et Antichristi. Genève, Eustache Vignon, 1578, in-12.

> Figures satiriques contre la Papauté, imitées du *Passional* de Cranach.

147. — Théodore de Bèze. *Icones virorum doctrina simul et pietate illustrium.* Genève, Jean de Laon, 1580, grand in-8.

> Portraits des principaux réformateurs de la Renaissance, et emblèmes de Théodore de Bèze.

148. — N. Clément. *Les Rois et Ducs d'Austrasie.* Cologne, 1591, in-8.

> Suite de gravures sur cuivre, par *Pierre Woeiriot.*

149. — Georgette de Montenay. *Emblèmes ou devises chrétiennes.* Tiguri (Zurich), Froschoverus, 1584, in-4.

> Portraits et figures gravés sur cuivre, par *Pierre Woëiriot.*

150. — Lorichius. *Peregrinatio seu vita B. Mariæ Virginis.* Fribourg en Brisgau, 1597, in-12.

> Fines gravures dans le genre de L. Gaultier. Volume peu connu.

151. — J.-J. Boissard. *Emblematum liber.* Francfort, 1593, in-4.

> Premier tirage de ces figures de *Théodore de Bry.*

151 bis. — J.-J. Boissard. *Emblèmes.* Metz, Abraham Faber, 1595, in-4.

> Figures de *Th. de Bry.*

152. — J.-J. Boissard. *Theatrum vitæ humanæ.* Metz, Abraham Faber, 1596, in-4.

> Remarquables illustrations de *Théodore de Bry.* Premier tirage.

153. — Lebey de Batilly. *Emblemata.* Francfort, 1596, in-4.

> Figures de *Théodore de Bry.*

154. — THÉODORE ET ISRAEL DE BRY. *Virtus Davidis.* Sans lieu, Zacharias Palthenius, 1597, in-4.

>Suite magnifique et d'une grande rareté gravée sur cuivre, par *Théodore de Bry.*

155. — BOISSARD. *Icones vivorum illustrium.* Francfort, 1597-1599, 2 vol. in-4.

>Recueil des portraits gravés par *Théodore de Bry.* Premier tirage.

155 *bis.* BIBLIA SACRA. Mayence, Albinus, 1609, 3 parties en 1 vol., in-4.

>Suite des 140 figures de la Bible composées et gravées par *Théodore de Bry.*

156. — MICHEL MAYER. *Atalanta fugiens.* Oppenheim, Th. de Bry, 1618, in-4.

>Figures par *Mérian.*

156 *bis.* — DANIEL STOLCIUS. *Viridarium chimicum.* Francfort, Jennisius, 1624, in-12 oblong.

>Suite curieuse de figures dans le style de *Mérian.*

157. — LA VIE DE N.-S. JÉSUS-CHRIST PAR FIGURES. Anvers, Adrien Kempe et Mathieu Crome, 1539, in-12.

>Gravures sur bois d'un style très remarquable, par *Liévin de Witte,* de Gand. Renouvier a découvert le nom de l'artiste dans un acrostiche qui se trouve en tête de l'édition latine de 1537.

158. — PIERRE BELON. *Les Observations de plusieurs singularitez, etc.* Anvers, Christophe Plantin, 1555, in-12.

>Premier livre à gravures publié par notre illustre compatriote Plantin, après son installation à Anvers.

158 *bis.* — CLAUDE PARADIN. *Les Devises héroïques,* Anvers, Christophe Plantin, 1561, in-16.

>Figures sur bois. Première édition, non citée dans les « Annales plantiniennes ».

159. — J. SAMBUCUS. *Emblemata.* Anvers, Christophe Plantin, 1564, petit in-8.

>Chef-d'œuvre de l'atelier de Plantin au point de vue de la gravure sur bois. — Figures attribuées par les « Annales plantiniennes » à Jean Croissant et Assuerus Van Londerzeel. Première édition et premier tirage sous cette date.

159 *bis.* — J. SAMBUCUS. *Emblemata.* Anvers, Christophe Plantin, 1564, petit in-8°.

>Deuxième tirage sous cette date.

160. — HADRIANUS JUNIUS. *Emblemata.* Anvers, Christophe Plantin, 1565, petit in-8.

>1re édit. Figures sur bois du maître au monogramme G.

160 *bis.* — STEPHANUS PIGHIUS. *Themis dea.* Anvers, Christophe Plantin, 1568.

>Figures en bois.

161. — HEURES DE LA VIERGE. Anvers, Christophe Plantin, 1570, in-8.

>Premières grandes heures publiées par Plantin. Gravures sur cuivre par *Wierix.*

162. — ARIAS MONTANUS. *Humanæ salutis monumenta.* Anvers, Chr. Plantin, 1571, grand in-8.

>Exemplaire de la première édition, publiée sous cette date avec les grandes planches de Wierix, Van der Borcht, etc. Ce livre est un des plus beaux monuments de l'officine plantinienne.

163. — ARIAS MONTANUS. *Humanæ salutis monumenta.* Anvers, Chr. Plantin, 1571, in-8.

>Seconde édition sous la même date avec des figures entièrement différentes de celles de la première. Chaque planche est entourée d'un encadrement gravé sur cuivre, de la plus grande finesse.

164. — OFFICIUM BEATÆ MARIÆ VIRGINIS. Anvers, Chr. Plantin, 1573, in-8.

>Ces heures plantiniennes, illustrées de gravures sur cuivre par *Jérôme Wierix,* se distinguent par ses encadrements gravés sur bois.

165. — BERNARDUS FURMERUS. *De Rerum usu et abusu.* Anvers, Chr. Plantin, 1575, petit in-4.

>Livre remarquablement illustré de gravures sur cuivre. Premier tirage des planches.

166. — HILLESEMIUS. *Sacrarum antiquitatum monumenta.* Anvers, Chr. Plantin, 1577.

>Volume remarquablement illustré. Portrait d'Hillesemius.

166 *bis.* — LAURENTIUS GAMBARA. *Rerum sacrarum liber.* Anvers, Christophe Plantin, 1577, in-4.

>Remarquables eaux-fortes de *Bernardinus Passarus.* Premier tirage.

167. — SANCTI EPIPHANII AD PHYSIOLOGUM. Anvers, Chr. Plantin, 1578, petit in-8.

>Eaux-fortes par *Pierre Van der Borcht.* Volume peu connu.

168. — DAMHOUDÈRE. *Praxis rerum criminalium.* Anvers, Jean Bellère, 1564, in-4.

>Curieuses figures sur bois.

169. — DAMHOUDÈRE. *Praxis rerum civilium.* Anvers, Jean Bellère, 1567, in-4.

> Figures sur bois, intéressantes au point de vue du costume.

170. — OMNIUM FERE GENTIUM HABITUS. Anvers, Jean Bellère, 1572, in-12.

> Suite de costumes remarquablement gravés sur bois.

171. — ESBATIMENT MORAL DES ANIMAUX. Anvers, Philippe Galle, 1578, petit in-4.

> Recueil de fables de toute rareté, illustré de gravures à l'eau-forte par *Philippe Galle.*

172. — TEATRUM CRUDELITATUM HERETICORUM. Anvers, Adrien Hubert, 1587, in-4.

> Épreuves de premier tirage de ces superbes gravures.

173. — WIERIX. *Jesu-Christi Infantia.* Sans lieu ni date (Anvers), petit in-4.

> Premier tirage de cette suite introuvable des figures sur cuivre de *J. Wierix.*

174. — WIERIX. *Passio Jesu-Christi.* Sans lieu ni date (Anvers), petit in-4.

> Suite de *J. Wierix.* Premier tirage rarissime.

175. — WIERIX. *Vita beati S. Ignatii Loyola.* Sans lieu ni date (Anvers).

> Premier tirage de cette suite très rare gravée sur cuivre par *J. Wierix.*

176. — OVIDE. *Métamorphoses.* Anvers, Moretus, 1591, in-16 oblong.

> 180 figures de très petit format, gravées à l'eau-forte par *Pierre Van der Borcht.* Premier tirage.

177. — PARVUS MUNDUS. Anvers, Jean Keerbergius, 1592, in-4.

> Première édition.

178. — APOLOGIA CREATURARUM. Anvers, Keerbergius, 1592, in-4.

> Illustré de remarquables figures à l'eau-forte par *Ph. Galle.*

179. — THOM. SAILLY. *Thesaurus Litaniarum.* Bruxelles, Velpius, 1598, in-8.

> Planches gravées, dit-on, sur argent, par *Van der Borcht.*

180. — ÉRASME. *Testamentum Novum.* Strasbourg. Th. Rihelius, sans date, in-12.

> Livre de la plus grande rareté, orné de nombreuses gravures sur bois par *Tobie Stimmer.*

181. — SÉBASTIEN BRANDT ET JACOB LOCHER. *Stultifera navis mortalium.* Bâle, 1572, in-12.

> Édition illustrée par *Tobie Stimmer.*

182. — TOBIE STIMMER. *Neue Künstliche Figuren biblische Historien.* Bâle, Thomas Gwarin, 1576, in-4.

> Première et très rare édition de cette célèbre suite, chef-d'œuvre de *Tobie Stimmer* que Rubens tenait en si grande estime.

183. — NICOLAS REUSNER. *Leorini Aureolorum emblematum liber.* Strasbourg, B. Jobin, 1587, in-12.

> Dessins de *Tobie Stimmer,* gravés sur bois par *Bernard Jobin* lui-même. Premier tirage de la plus grande rareté.

184. — NICOLAS REUSNER. *Icones virorum litteris illustrium.* Strasbourg, 1587, in-12.

> Suite des portraits gravés sur bois par *Tobie Stimmer.*

185. — NICOLAS REUSNER. *Icones virorum litteris illustrium.* Bâle, Conrad Waldkirch, 1589, in-12.

> Suite de portraits gravés sur bois par *Tobie Stimmer.*

185 *bis.* — PAUL JOVE. *Illustrium virorum elogia.* Bâle, Pierre Perna, 1596, 2 parties en 1 vol. in-folio.

> Suite complète des portraits de *Tobie Stimmer* dans des encadrements.

XVIIᵉ SIÈCLE

186. — PASSERAT. *Poëmata.* Paris, Mamert Patisson, 1603, très petit in-4.

> Portrait de Passerat par *Thomas de Leu.*

187. — ARRIANUS. *Les Propos d'Épictète.* Paris, Jean Heucqueuille, sans date (1609), in-8.

> Frontispice par *Léonard Gaultier.*

188. — Du Val. *Les Funérailles méditées et l'Amour de la mort.* Paris, Foucault, 1609, in-12.

> Petit volume illustré de charmantes compositions par *Leonard Gaultier*.

189. — Nervèze. *L'Hermitage de l'Isle saincte.* Paris, A. du Breuil et Toussaint du Bray, 1612, in-12.

> Volume illustré de charmantes gravures de *Léonard Gaultier*.

190. — Métezeau. *Pseaumes de David.* Paris, Loyson, 1618, petit in-8.

> Charmantes figures par *Léonard Gaultier*. Portraits de Henry IV, de Louis XIII et de Métezeau.

191. — Heures de Notre-Dame a lusage de Rome. Paris, Le Faucheur, 1623, in-8.

> Figures sur cuivre de Wierix, Mallery et Waldor. Exemplaire au chiffre d'Anne d'Autriche.

192. — David de Planis Campy. *L'Hydre morbifique exterminée par l'Hercule chymique.* Paris, Du Mesnil, 1628, in-8.

> Volume illustré par *Michel Lasne*.

193. — Le Tableau de la croix. Paris, Mazot, 1651, petit in-8.

> Exemplaire du premier tirage.

194. — Albert Flamen. *Devises et emblèmes d'amour.* Paris, Boissevin, 1653, in-12.

> Premier tirage de ces charmants emblèmes gravés à l'eauforte par *Albert Flamen*.

194 bis. — Élisabeth Sophie Chéron. *Essay de Pseaumes et Cantiques mis en vers et enrichis de figures.* Paris, Michel Brunet, 1694, in-8.

> Frontispice, figures et portrait en taille-douce par *Louis Chéron*, frère de l'auteur.

195. — Le Centre de l'amour découvert. Paris, chez Cupidon, 1687, in-4 oblong.

> Livre facétieux des plus rares.

196. — Les héros de la ligue. Paris, chez père Peters, à l'enseigne de Louis-le-Grand, 1691, in-4.

> Premier tirage de cette satire violente publiée en Hollande contre Louis XIV et gravée à la manière noire.

197. — Vita beati Ignatii Loiolæ. Rome, 1609, in-4.

> Exemplaire du premier tirage des planches.

198. — XII CÆSARUM ROMANORUM IMAGINES. Anvers, Vrintius, 1603, petit in-8.

> Riches encadrements à arabesques sur fond noir.

199. — JEAN DAVID. *Occasio arrepta et neglecta*. Anvers, Moretus, 1605, in-4.

> Premier tirage de ce livre curieux.

200. — JEAN DAVID. *Paradisus sponsi et sponsæ*. Anvers, officine plantinienne, 1607, in-8.

> Figures gravées par *Philippe Galle*. Premier tirage.

201. — BARTH. RICCIUS. *Triumphus Jesu Christi crucifixi*. Anvers, Moretus, 1608, in-8.

> Premier et superbe tirage des figures d'*Adrien Collaert*.

202. — OFFICE DE LA VIERGE. Anvers, Moretus, 1609, in-8.

> Grandes heures exécutées pour Pie V. Remarquables gravures de l'officine plantinienne.

203. — ABR. ORTELIUS. *Deorum Dearumque capita*. Anvers, Moretus, 1612, in-4.

> Charmants encadrements gravés à l'eau-forte dans le genre de *Pierre Van der Borcht*.

204. — JUSTE LIPSE. *Diva virgo hallensis*. Anvers, Moretus, 1616, in-4.

> Curieuse vue intérieure de la chapelle de Halle, par *Corneille Galle*.

205. — OFFICIUM B. MARIÆ VIRGINIS. Anvers, Moretus, 1618, in-8.

> Petites heures exécutées pour Pie V.

206. — DELINEATA PŒNITENTIA ET DELINEATA COMMUNIO. Anvers, 1629, in-12.

> Exemplaire du premier tirage de ces deux petits opuscules.

207. — PETRA SANCTA. *De symbolis heroïcis*. Anvers, Balth. Moretus, 1634, in-4.

> Remarquable livre d'emblèmes gravés sur les dessins de *Rubens* dans l'office plantinienne.

208. — ESERCITII SPIRITUALI DI S. IGNATIO DI LOIOLA. Roma, Manoulfo Manuelfi, 1649, petit in-8.

> Volume de toute rareté, illustré de gravures sur cuivre exécutées à Anvers pour les Jésuites de Rome, et dessinées dans l'atelier de *Rubens*.

209. — Joannes Bœnerus. *Delineatio historica fratrum minorum Provinciæ Germaniæ crudeliter occisorum.* Anvers, officine plantinienne, 1635, in-12.

Volume illustré de vingt eaux-fortes d'un beau caractère.

210. — Thomas A. Kempis. *L'Imitation de Jésus-Christ.* Anvers, Balth. Moretus, 1644, in-8.

Gravures par *Corneille Calle,* d'après *Van der Horst.* Premier tirage.

211. — Stradanus. *Passio, Mors et Resurrectio D. N. J. Christi.* Sans lieu ni date (Anvers), petit in-folio.

Gravures de *Philippe Galle* et *A. Collaert* d'après *Stradanus.*

212. — Vander Sterre. *Vita Sancti Norberti.* Anvers, 1622, petit in-8.

Gravures par *Théodore Galle.*

213. — Joan Bourghesius. *Vitæ, Passionis et Mortis Jesu Christi mysteria.* Anvers, Aertessens, 1622, in-8.

Superbe exemplaire du premier tirage des figures de *Boetius Bolswert.*

214. — Hermann Hugo. *Pia desideria.* Anvers, Aertessens, 1628, in-16.

Gravures sur bois par *Van Sichem.* Premier tirage de ces petites planches qui marquent la fin de la gravure sur bois.

215. — Amoris divini et humanis antipathia. Anvers, Snyders, 1629, in-12.

Premier tirage de ces petites figures sur cuivre qui ont eu beaucoup de succès et plusieurs éditions.

216. — Typus prædestinationis et conceptionis mariæ. Anvers, Aertessens, 1630, petit in-8.

Petit volume orné de charmantes gravures en premier tirage.

217. — Antonius de Burgundia. *Linguæ vitiæ et remedia.* Anvers, Joan Cnobbarus, 1631 in-16 oblong

Première et très rare édition de ces charmantes gravures.

217 *bis*. — Ant. de Burgundia. *Mundi Lapis lydius,* Anvers, Knoblarus, 1659, in-4.

Charmantes eaux-fortes emblématiques par le même maître que le petit volume des *Linguæ vitia et remedia.*

218. — Éstienne Binet. *Abrégé des vies des principaux*

fondateurs des religions de l'Église, représentez dans le chœur de l'abbaye de Saint-Lambert de Liessies. Anvers, Nutius, 1634, in-4.

Superbes épreuves des gravures de *Corneille Galle.*

219. — CORNELIUS CURTIUS. *Virorum illustrium ex ordine D. Augustini elogia*, Anvers, Cnobbarus, 1636, in-4.

Gravures par *Cornelius Galle.*

220. — THÉATRE REMONSTRANT EN VINGT-QUATRE SCÈNES LA VIE DU R. P. GABRIEL MARIA. Sans lieu. (Anvers), 1642, petit in-4.

Très beau recueil des gravures de J.-B. Barbé d'Anvers d'après les remarquables dessins d'*Abraham Diepenbeck.*

220 *bis.* J. ANDRIES. *Perpetua crux et necessaria ad salutem.* Anvers, Corneille Woon, 1652 et 1654, in-12.

Curieux et célèbres petits ouvrages illustrés de gravures sur bois par *Diepenbeck, Érasme Quellyn,* etc.

221. — CRISPIN DE PASSE. *Ovidii Metamorphoseos.* Arnhem, 1607, in-4°.

Premier tirage de l'Ovide de *Crispin de Passe.*

222 — HEINSIUS. *Emblemata amatoria.* Sans lieu ni date (Amsterdam, 1608), in-4° oblong

Figures de *Crispin de Passe.*

223. — GABRIEL ROLLENHAGEN. *Emblèmes.* Cologne, Crispin de Passo, 1611, in-4°.

Premier tirage de ces figures de *Crispin de Passe.*

224. — G. ROLLENHAGEN. *Emblematum centuria secunda.* Arnhem, Janssonius, 1613, in-4°.

Deuxième centurie des emblèmes gravés par *Crispin de Passe.* Premier tirage.

225. — EMBLEMATA AMATORIA. Amsterdam, Janssonius, 1611, in-4° oblong.

Premier tirage très rare de ces planches, que l'on pourrait attribuer à *Corneille Vischer.* Le frontispice, qui est un chef-d'œuvre, est dans le style de *Crispin de Passe.*

226. — CRISPIN DE PASSE. *Compendium operum virgilianorum.* Arnhem, Janssonius, 1622, in-4°.

Premier tirage de ces figures de *Crispin de Passe.*

227. — CRISPIN DE PASSE. *Liber genesis.* Arnhem, Janssonius, 1612, in-4° oblong.

> Premier tirage des figures de la Genèse de *Crispin de Passe.*

228. — CRISPIN DE PASSE. *Liber genesis.* Arnhem, Janssonius, 1616, in-4°.

> Deuxième édition des figures de la Genèse de *Crispin de Passe.*

229. — CRISPIN DE PASSE. *Speculum heroïcum.* Utrecht, Crispin de Passe, 1613, in-4°.

> Premier tirage de ces figures de *Crispin de Passe.*

230.—HEINSIUS. *Poemata.* Amsterdam, Janssonius, 1616, in-4.

> Premier tirage des figures de *Crispin de Passe.*

231. — THRONUS CUPIDINIS. Amsterdam, Janssonius, 1618, n-16 oblong.

> Premier tirage des figures de *Crispin de Passe.*

231 *bis*. THRONIS CUPIDINIS. Amsterdam, Janssonius, 1620, in-16 oblong.

> Deuxième tirage des figures de *Crispin de Passe.*

232. — OTTO VENIUS. *Emblemata amatoria.* Amsterdam, Janssonius, 1618, in-16 oblong.

> Figures de *Crispin de Passe.*

233. — JUSTE REISSENBERG. *Emblemata politica.* Amsterdam Janssonius, 1632, in-16.

> Figures de *Crispin de Passe.*

234. — BARTH HULSIUS. *Den onderganck des Romschen arents.* Amsterdam, Crispin van de Pas, 1642, in-4°.

> Figures de *Crispin de Passe.*

235. — CATS. *Silenus Alcibiades et Officium puellarum.* Middelbourg, 1618, in-4°.

> Première et rare édition de ces œuvres de Cats, le grand poète hollandais. On y remarque notamment une vue de la grande place de Middelbourg.

236. — FLITNER. *Nebulo nebulonum.* J. Coopmans, sans lieu (Leuwarden), 1633, in-12.

> Premier tirage de ce petit livre curieux et piquant.

236 bis. — FLITNER. *Nebulo nebulonum.* J. Coopmans (Leuwarden, 1636, in-12.

Deuxième tirage.

237. — ADRIEN VAN DE VENNES. *Tafareel van de Belacchende Werelt.* La Haye, chez l'auteur, 1635, in-4°.

Suite remarquable de gravures satyriques d'*Adrien Van de Vennes.*

238. — J. DE BRUNES. *Emblemata of zinne-Werck.* Amsterdam, Latham, s. d., in-4°.

Charmantes gravures d'*Adrien Van de Vennes.* Premier tirage.

239. — VAN DER VEEN. *Zinne-Beelden.* Amsterdam, Kloppenburgh, 1642, in-4°.

Volume illustré de curieuses eaux-fortes hollandaises.

230. — ARTS ET MÉTIERS. Amsterdam, s. d. (1694), in-4°.

100 gravures en taille-douce par *Luyken.*

241. — LA SERRE. *Tombeau des délices du monde.* Bruxelles, F. Vivien, 1630, in-8.

Première édition de ce livre curieux.

242. — LA SERRE. *Entretiens des bons esprits sur les vanités du monde,* Bruxelles, F. Vivien, 1631, in-8.

Première édition de ce livre curieux.

243. — RAPHAEL SADELER. *Elegantes variorum virgiliorum ovidiorum centones,* etc. Munich, Raphaël Sadeler, 1607, in-12.

Charmantes figures sur cuivre de *R. Sadeler.* Premier tirage.

243 bis. — STENGELIUS. *Josephi historia.* Munich, Raph. Sadeler, 1616, in-12.

Charmantes figures de *Raphaël Sadeler.*

244. — MATHIEU MÉRIAN. *Icones biblicæ.* Strasbourg, Zetner, sans date (1626), in-4 oblong.

Réunion très rare des quatre parties de la Bible de *Mérian,* dont la célèbre Bible de Royaumont n'est que la copie.

245. — MATHIEU MÉRIAN. *Figures du Nouveau Testament.* Francfort, Mérian, 1627, in-4 oblong.

> Premier tirage rarissime, avant le texte, des belles gravures de *Mérian.*

245 bis. — ICONES BIBLICÆ. Francofurti, Joh. Ammonii, 1642-1643, 3 parties en un vol. in-12 oblong.

> Petite suite des figures bibliques de *Mathieu Mérian.*

246. — DANIEL CRAMER. *Octognita emblemata moralia.* Francfort, Jennisius, 1630, in-12.

> Petit volume fort peu connu et illustré de ravissantes figures sur cuivre.

247. — CAMERARIUS. *Symbolorum et Emblematorum ex re herbaria centuria una collecta.* Nuremberg, sans date, in-4.

248. — SACRA EMBLEMATA. Nuremberg, J.-F. Sartorius, 1624, in-4.

> Figures gravées par *Petrus Isselburg.* Volume curieux et peu connu.

249. — EMBLEMATA POLITICA. Nuremberg, Wolf, 1640, in-4.

250. — MELCHIOR KYSSEL. *Icones biblicæ veteris et novi Testamenti.* Augsbourg, 1679, 5 parties en un volume in-4.

> Suite bien complète des figures de Kyssel en premier tirage.

251. — ULRICH KRAUSS. *Historische Bilderbibel.* Augsbourg, 1702, petit in-4.

> Illustrations gravées sur cuivre avec la plus grande habileté.

251 bis — CALENDRIER DES SAINTS (en hollandais). Amsterdam, 1730, 2 parties en un vol. in-4.

> Figures de *Sébastien Le Clerc.*

251 ter. — PACOT. *Figures de la Passion.* Paris, Chéreau, sans date, in-8.

> Charmantes figures de *Chéreau.*

252. — CONRAD MEYER. *Des Neuwen Testaments furnemste Historien.* Zurich, sans date (1666), petit in-4.

> Suite rarissime, presque introuvable, de premier tirage, gravée sur cuivre par *Conrad Meyer,* l'auteur de la Danse des morts publiée dans la même ville. Portrait de Meyer par lui-même et 122 compositions.

253. — Conrad Meyer. *Todten Dantz*. Zurich. J. Bodmer, 1650, petit in-4.

> Danse des morts du célèbre graveur zurichois *Conrad Meyer*. Livre d'une extrême rareté.

254. — Theatrum mortis humanæ tripartitum. Laybach, 1682, in-4.

> Danse des morts d'*André Trost* d'après les dessins de *J. Koch*.

255. — W. Hollar. *Le Triomphe de la mort,* gravé d'après les dessins de Holbein.

> Sans lieu ni date, in-4.

256. — Salomon van Rusting. *Het Schouw Toneel des Doods of Dooden Dans.* Amsterdam, Janten Hoorn, 1707, in-12.

> Danse des morts hollandaise.

257. — Mathieu Mérian. *La Danse des morts de Bâle.* Bâle, Imhoff, 1744, in-8.

> Copies des fresques de Bâle.

258. — Schellenberg. *Freund Heins. Erscheinungen in Holbeins manier.* Wintherthur, Steiner, 1785, in-8.

> Curieuse Danse des morts gravée à l'eau-forte.

MM. GRUEL et ENGELMANN

1. — Livre d'heures du pape Alexandre VI, grand in-8, 206 feuillets, 15 grandes miniatures à pleine page de Memling.

2. — Heures, manuscrit sur vélin en langue flamande enrichi de 13 grandes miniatures à pleine page, in-8, 183 feuillets, xive siècle.

3. — Livre d'heures d'Adolphe IV, comte de Lamarck et de Clèves, qui épousa en deuxième noces en 1406 Marie de Bourgogne, fille de Jean sans Peur. Ce manuscrit, enrichi de 14 grandes miniatures, paraît avoir été exécuté de 1429 à 1445.

4. — Les triomphes de Messire François Pétrarcque. Paris 1514. In-folio gothique, mar. mosaïque, doublé mar.

5. — La Légende dorée, imprimée à Lyon, 1484, non relié.

6. — Le Boece, de consolation, translaté de latin en françois par honnourable homme Maistre Jehan de Meun, imprimé à Lyon par Guillaume Leroy, 1480, in-folio gothique, mar. fers à froid.

7. — La Pragmatique sanction, en françoys. Paris, 1508, in-4 gothique, mar. vert, petits fers.

8. — Heures de Nostre-Dame ; précieux manuscrit français enrichi de 14 grandes miniatures et de 122 petites sur vélin, exécutées sur fond or, vers le milieu du xviiie siècle.

9. — Diomedes de Arte Grammatica, Venetiis, 1481. Vol. in-folio goth., rel. anc.

10. — Regula del santo Benedetto, manuscrit sur vélin du xvie siècle, mar. Lavall., rel. anc., in-4.

11. — De la puissance légitime d'un prince sur le peuple. Paris, 1581, mar. vert olive, petits fers. Le Gascon, in-8.

12. — Biblia sacrosancta. — Venetiis apud Juntas, 1557 ; veau brun, anc. rel. à compart. Maioli, in-folio.

13. — Auli Persii Satyrae. — Parisiis, 1541, mar. rouge, rel. anc. Le Gascon, in-8.

14. — Les ordonnances royaux, Paris, 1556. Veau brun mosaïque. Maioli, in-4.

15. — Galerie de saint Bruno. Dans une couverture à petits fers, aux armes du comte d'Artois, in-4.

16. — Biblia, R. Stephanus, 1555, mar. Lavall., milieu et coins petits fers, in-8.

17. — Nouveau Testament. Mons, 1667, mar. rouge, doublé mar. vert olive, riche dorure, Boyet, in-8.

18. — La Bible. Sedan, 1633. Mar. rouge, milieu et coins petits fers, in-8.

19. — Insigna Sacræ Cæsareæ majestatis. Francofurti, 1579. Gravures sur bois de Jost Amman.

20. — Horæ. Riche manuscrit français de l'époque de Henri II, rel. moderne, mosaïque et émaux, in-12.

21. — Odyssea. Venitiis in œdibus Aldi, 1524. Reliure en bois, fermoirs, tresse, fers à froid, in-8.

22. — Catullus, Tibullus, Propertius. Lugduni, 1546. Mar. brun, compartiments, in-12.

23. — Les Psaumes de David, par Clément Marot et Théodore de Bèze. Charenton, 1656. Maroq. brun, reliure petits fers, Le Gascon.

24. — Buvard de la marquise de Pompadour. In-folio petits fers.

M. le comte GUÉRIN.

1. — Marmontel. Les Incas. 2 vol.

2. — Thompson. Les saisons.

3. — Saint-Lambert. Les saisons.

4. — Semaine sainte.

5. — Autre semaine sainte.

6. — Histoire des fous.

7. — Dorat. Fables.

8. — Statuts de l'ordre de Saint-Michel.

9. — Instruction pendant la messe. Ms.

10. — Recueil de méditations dévotes sur les mystères de la passion appliqués au saint sacrifice de la messe.

M. Raoul GUÉRIN.

Dioscoride. 1500.

M. le vicomte de HILLERIN.

L'Apocalypse. Fragment d'une Bible allégorisée, qui paraît avoir été faite pour saint Louis, et dont les autres débris sont à la Bibliothèque nationale, au Musée britannique et à la bibliothèque bodléienne.

M. LE BARBIER DE TINAN.

1. — Vitæ sanctorum. Coloniæ, 1603.

Quatre tomes en deux vol. in-8, mar. vert aux troisièmes armes de J. A. de Thou.

2. — Muhammedis Alfraganus, Elementa astronomica. Arabice Latine.

>Amsterdam, ap. Jansonium, 1669, in-4. mar. rouge aux armes de Colbert.

3. — Jérémie. Poème en quatre chants dédié à Madame, par M. Desmarais.

>Paris, 1771, grand in-8, mar. rouge, large dentelle, précieux exempl. de dédicace aux armes de Mme Adélaïde.

4. — La Constitution en vaudevilles, suivie des droits de l'homme, par Marchand. Paris, 1792, in-32, maroquin, large dentelle.

5. — Psalterium Davidis. Cologne, 1630. In-64, reliure du XVIIe siècle à mosaïque de mar. rouge et vert.

6. — Epicteti Enchiridion, ex officina plantiniana Raphelingii, 1607. In-64.

>Jolie reliure à composition de feuillages dorés avec des monogrammes

7. — Boîte à jeu en forme de livre en mar. rouge avec dentelle.

>Elle contient trois boîtes à jetons également en forme de livres, richement reliés en mosaïques différentes. Par Derome, XVIIIe siècle.

8. — Institution et ordonnance des chevaliers de l'ordre de Saint-Michel.

>Manuscrit sur vélin de 34 feuillets, daté de 1501, contenant 101 lettres ornées. — In-4, veau, riche reliure du XVIe siècle à compartiments portant sur les plats la devise : De die in diem. salutare meum, et la date 1502.

9. — Religio sociniana, authore Nicolao Arnoldo.

>Amstelodami, apud Joannem Jansonium, 1654. In-4 mar. rouge, reliure de Boyet aux armes du comte d'Hoym.

10. — Tractatus de variis annorum formis. Londini, 1605. In-12. mar. citron aux troisièmes armes de J. A. de Thou.

11. — Etat de la forest de Compiègne. Paris, 1773. In-8°. Mar. rouge, riche dentelle, aux chiffres et armes du Roi.

12. — Hymne au Soleil, par l'abbé de Reyrac. Paris, 1778. In-12. Mar. rouge.

>Exemplaire de dédicace aux armes du marquis Hue de Miromesnil.

13. — Le meilleur livre ou les meilleures étrennes qu'on puisse donner et recevoir. Paris, 1755. In-12, mar. rouge, large dentelle.

14. — Divi Platonis opera omnia... Genevæ, 1592. 3 vol. in-16.

> Mar. rouge, compartiments richement dorés sur mosaïque de mar. verts, bleus et jaunes, dos entièrement dorés. — Très riche et très fine reliure de la fin du xvie siècle.

15. — Les amours de Daphnis et Chloé, trad. de 1782, par Mulot, à Mitylène, 1783. In-16, portr., fig., mar. rouge, large dentelle.

16. — Les amours pastorales de Daphnis et Chloé. 1745, petit in-8°, mar. rouge, large dentelle.

17. — Avis important au sexe ou Essai sur les corps baleines pour former et conserver la taille aux jeunes personnes, par Reisser. Lyon, 1770, in-12, mar. vert clair, aux armes de la comtesse d'Artois.

18. — Les œuvres de M. de Palaprat. Paris, Ribou, 1702, in-12. mar. citron aux armes de la comtesse de Verrue.

> Recueil factice. Composé des pièces de Brueys et Palaprat en éditions originales.

19. — Histoire critique de l'âme des bêtes. Paris, 1749, in-8°, mar. rouge aux armes du duc de la Vrillière de la maison de Mailly.

20. — La Bible, qui est toute la Saincte Écriture. Genève-Paris, Robert-Estienne, 1554, in-8 réglé, à 2 colonnes.

> Veau riche. Compartiments à la Grolier en or sur les plats. Tranches ciselées. Une des premières versions protestantes de la bible. Riche reliure du xvie siècle.

21. — Evangelium, etc. Parisiis, ex officina Rob. Stephani, 1541, in-8, mar. brun fil.

> Compartiments dorés sur les plats. Jolie reliure lyonnaise du xvie siècle. — Première édition latine du Nouv. Testament donnée par Rob. Estienne et poursuivie par l'autorité.

22. — Justini Historiæ. Antuerpiæ, 1600.

> In-12, mar. citron, semis de fleurs de lys sur les plats et le dos, mêlés d'H couronnés, au milieu les armes de Henri de Bourbon, évêque de Metz, fils de Henri IV et de Henriette de Balzac d'Entragues.

23. — Étui en cuir gaufré et gravé destiné à contenir un livre d'heures. Travail italien du xve siècle.

24. — Libri Prophetarum; apud Seb. Griphium. Lugduni, 1542, in-12.

> Mar. noir, compartiments dorés à la Grolier sur les plats. — Reliure du xvie siècle.

25. — Le Vite di Plutarco. In Venetia, 1543, in-8, mar. citron.

compartiments filets dorés sur les plats, tranche ciselée. Rel. du xvi⁰ siècle.

26. — Genebrard. Psalmi Davidis. Parisiis, 1582, in-8, mar. brun, ornements à froid (reliure molle faite pour Henri III).

> Cette reliure est très remarquable, les plats sont ornés d'un médaillon représentant Jésus crucifié. — Le dos est couvert d'ornements à froid parmi lesquels on distingue des têtes de mort, les armes de France et la devise de Henri III : Spes mea Deus.

27. — Pensées de l'empereur Marc-Aurèle-Antoine. Paris, 1770, in-8, mar. vert.

> In-8 mar. vert, précieux exemplaire de dédicace aux armes du Dauphin. — Joli portrait du Dauphin avant toute lettre.

28. — Les Œuvres de Lucrèce. Paris, 1692, in-8, mar. vert. Aux armes de Mme de Pompadour.

29. — Chroa-Genesie, ou génération des couleurs contre le système de Newton. Paris, 1751, in-8, mar. rouge. Aux armes de Mme de Pompadour.

30. — Almanach pour 1790.

> In-32 relié en soie blanche, brodé d'or et d'argent sur chaque plat. Un médaillon peint sur soie représentant, d'un côté l'amour lançant une flèche, de l'autre des colombes et des fleurs. Contenu dans un étui en mar. rouge, doré au petit fer.

31. — Les Amours pastorales de Daphnis et Chloé. Paris, 1718.

> Figures de Philippe d'Orléans gravées par Audran, in-8, mar. vert, large dentelle sur les plats. Aux armes de Montmorency-Luxembourg et de Anne de Seigneley, sa femme. Edition dite du Régent.

32. — Principes Hollandiæ et Zelandiæ.

> Antuerpiæ, Christophorus Plantinus 1578. — In-4, vélin blanc, aux premières armes de J. A. de Thou. — Recueil de 36 planches de portraits finement gravés.

33. — Quinti Curtii de rebus gestis Alexandri Magni, Macedonum regis, Historia.

> Lugduni, apud Seb. Griphium, 1548, in-16, veau brun, volutes et rinceaux dorés, reliure du xvi⁰ siècle. — Sur le dos le chiffre OK et sur les plats les lettres OK SUSQZDE QUE ?

34. — Emblemata amatoria Georgii Camerarii. Venetiis, ex tipographia Sarcinea, 1627, in-16 allongé.

> Mar. rouge, armes sur les plats, fermoirs en argent.

35. — Du Témoignage de la vérité dans l'Église.

> S. L. 1714, in-12, mar. rouge. Exemplaire de Longepierre, avec les insignes de la Toison d'or sur les plats et sur le dos.

36. — Tansaï et Neadarné, histoire japonoise.

> Pekin, 1743, in-12, mar. rouge, aux armes de Fontenu de Montretout.

37. — Contes et nouvelles en vers, par M. de La Fontaine. Amsterdam, 1762, 2 vol. in-8.

> Mar. rouge, large dentelle sur les plats. — Édition des Fermiers généraux. Reliure de Derome.

38. — Martyrium Apostolorum, par J. Callot.

> Recueil de 15 pièces en un volume mar. vert, relié par Derome.

39. — Vie de l'Enfant prodigue faite par noble J. Callot, 1635.

> Recueil de un titre et 10 pièces en un vol. mar. vert, relié par Derome.

40. — Topographie de la Zélande. Paris, 1743.

> Carte géographique en 9 feuilles reliées en un vol. in-8 allongé, mar. rouge, dentelle sur les plats, aux armes du Roi.

41. — Instruction pastorale de Mgr l'archevêque de Paris.

> Paris, Louis Josse, 1698. — In-12, mar. rouge, doublé de mar. rouge. Sur les plats aux quatre angles, et sur le dos le monogramme SS.

42. — Balii di Sfessania, di Jacomo Callot.

> Recueil de un titre et 23 pièces en un vol. mar. citron, relié par Derome.

43. — Varie Figure Gobbi di Jacoppo Callot. Facto in Firenza, l'anno 1616.

> Recueil de un titre et 20 pièces en premier état, en un vol. mar. vert, relié par Derome.

44. — Misère de la guerre. Faict par Jacques Callot et mise en lumière par Israel Henriet. Paris, 1636.

> Recueil de un titre et pièces, chacune en deux états, en un vol. mar. rouge, in-8, relié par Derome.

LESOUFACHÉ.

MANUSCRITS.

1. — Livre d'heures du xive siècle. École française.

2. — Livre d'heures du xve siècle, exécuté dans le nord de la France.

3. — Livre d'heures de la première moitié du xve siècle, exécuté pour un seigneur normand.

4. — Livre d'heures du xv° siècle.

5. — Livre d'heures du xv° siècle, exécuté à Paris.

6. — Livre d'heures du xv° siècle, exécuté à Paris et contenant la représentation d'un charnier.

7. — Livre d'heures de la fin du xv° siècle. École flamande.

8. — Livre d'heures de la fin du xv° siècle. École française.

9. — Funérailles d'Anne de Bretagne. 1514.

10. — Couronnement de la reine Claude, femme de François Ier. 1517.

IMPRIMÉS. — LIVRES D'HEURES.

11. — Heures à l'usage de Rome, imprimées par Ph. Pigouchet pour Simon Vostre. 1498. Ex. sur vélin.

12. — Heures de Simon Vostre, à l'usage de Rome, imprimées vers 1510. Ex. sur vélin.

13. — Heures de Simon Vostre, à l'usage d'Autun, imprimées vers 1512. Ex. sur vélin.

14. — Heures de Simon Vostre, à l'usage de Lisieux, imprimées vers 1519. Ex. sur papier.

15. — Heures de Thielman Kerver, à l'usage de Rome, 1503. Ex. sur vélin non colorié.

16. — Même livre. Ex. sur vélin, enluminé.

17. — Heures de Thielman Kerver, à l'usage de Paris, 1525. Ex. sur papier.

18. — Heures de Gilles Hardouyn, à l'usage de Rome, imprimées vers 1514. Ex. sur vélin.

19. — Heures de Gillet Hardouyn, à l'usage de Rome, imprimées vers 1514. Ex. sur vélin.

20. — Heures de Gilles Hardouyn, à l'usage de Rome, imprimées vers 1514. Ex. sur papier.

21. — Heures à l'usage de Rome, imprimées par Nicolas Vivian, vers 1503. Ex. sur vélin.

22. — Heures à l'usage de Rome, imprimées par Mathurin le Mère pour Nicolas Vivian en 1513. Ex. sur vélin, enluminé.

23. — Heures à l'usage de Rome, imprimées par Jean de la Roche pour Nicolas Vivian, en 1514. Ex. sur papier.

24. — Heures imprimées par Jean Poitevin, vers 1503. Ex. sur vélin.

25. — Heures imprimées par Pierre Vidoue, pour Guillaume Godard, en 1523. Ex. sur papier.

26. — Heures imprimées par Simon du Bois pour Geoffroy Tory, dites *à la moderne,* 1527. Ex. sur papier.

27. — Heures d'Olivier Mallard, 1542. Ex. sur papier.

28. — Heures d'Olivier Mallard, avec les encadrements et gravures de Geoffroy Tory, 1542. Ex. sur papier.

29. — Heures de Simon de Colines, dites *Grandes Heures*, 1543. Ex. sur papier.

30. — Heures de Simon de Colines, 1543. Ex. sur papier.

OUVRAGES DE BRODERIE.

31. — Recueil de dessins du xvi° siècle.

32. — Modelbuch. Cologne, P. Quentel, 1529.

33. — Kunstlichbuch. Cologne, P. Quentel, 1532.

34. — Giardineto novo di punti tagliati. Venise, M. Pagano, 1548.

35. — Exemplario di Lavori. Venise, G. A. Vavassore, 1552.

36. — Livre nouveau dict patrons de lingerie. Lyon, Pierre de Sainte-Lucie. S. d. (vers 1550).

37. — La fleur des patrons de lingerie. Lyon, Pierre de Sainte-Lucie. S. d. (vers 1550).

38. — Patrons de diverses manières. Lyon, Pierre de Sainte-Lucie. S. d. (vers 1550).

39. — Patrons de broderie de Jean Coste. Lyon. S. d. (vers 1550).

40. — La vera perfettione del designo di varie sorti di ricami, de Giovani Ostaus. Venise, Fr. di Franceschi, 1591.

41. — Fiori e disegni di varie sorti di ricami, de Giovanbattista Ciotti. Venise, Fr. di Franceschi, 1591.

42. — Corona delle donne, de Cesare Vecellio. Venise, C. Vecellio, 1600.

43. — Les singuliers et nouveaux pourtraicts pour toutes sortes d'ouvrages de lingerie, de Fr. Vinciolo. Lyon, L. Odet, 1603.

44. — Neues Modelbuch, de Jean Sibmacher. Nuremberg, 1604.

45. — Ghirlanda, de Pietro Paolo Tozzi. Padoue, 1604.

46. — La pratique de l'aiguille, de Matthias Mignerak. Paris, J. Le Clerc, 1605.

47. — Giardino di ricami. Padoue, Giov. Dom. Rizzardi, 1607.

48. — Noues Modelbuch (exécuté en 1599). Strasbourg, J. Martin, 1609.

49. — Modelbuch. Francfort, héritiers de Chr. Egenolff. S. d. (fin du XVIᵉ siècle).

50. — Teatro delle donne, de Giacomo Marcucci, 1636.

51. — Neues Modelbuch, de Rosina Helena Fürstinn. Nuremberg, P. Fürst, 1666.

52. — Nec-und Stick-Buch, de Fr. Marguerite Helmin. Nuremberg, J. Chr. Wergel. S. d. (XVIIᵉ siècle).

53. — Dessins de broderie de la fin du XVIIᵉ siècle.

54. — Dessins de broderie, exécutés par Pierre Lesclan, L. Maingot et Gerard, de 1680 à 1708.

55. — Dessin de broderie par Dumontier fils, 1755.

OUVRAGES D'ANDROUET DU CERCEAU

(Architecture, Décoration, Orfèvrerie, etc.)

56. — Dessins d'architecture et perspectives, 1545.

57. — Gravures emblématiques.

58. — Fragments d'architecture antique. Orléans, 1550-1551.

59. — Palais, rues, portes de ville, etc.

60. — Arcs de triomphe, etc. 1560.

61. — Temples. Orléans, 1550.

62. — Temples, habitations fortifiées.

63. — Balustrades.

64. — Arabesques. Orléans, 1550.

65. — Arabesques. Paris, 1562.

66. — Arabesques. Paris, 1562.

67. — Vases, coupes, calices, aiguières.

68. — Bijoux.

69. — Nielles.

70. — Serrurerie.

71. — Marqueterie.

OUVRAGES D'ORFÈVRERIE ET DE SERRURERIE, ETC.,
DE DIVERS ARTISTES.

72. — Dessins de bagues, par Pierre Woeiriot, 1561.

73. — Orfèvrerie au marteau, par Jean Siebmacher. Nuremberg, 1596.

74. — Orfèvrerie au marteau, par Georges Wechter (1579), Jean Kellerdaller (1589) et Daniel Zech (1615).

75. — Dessin de coupes, calice, etc., etc. (fin du XVIe siècle).

76. — Orfèvrerie au marteau, par Bernard Zan, 1581.

77. — Orfèvrerie au marteau, par le même.

78. — Orfèvrerie au marteau, 1604-1610.

79. — Serrurerie, par Pasquier Focanbergue et autres.

80. — Nielles, par Balthazar Sylvius, 1554.

81. — Passement de moresques. Paris, Martin Pierre, 1563.

82. — Décorations de crêtes de toiture. Francfort, 1663.

83. — Recueil de mascarons. Bologne, 1783.

OUVRAGES D'ARCHITECTURE.

84. — Livre de perspective de Jean Pèlerin, dit Viator. Toul, 1509.

85. — La perspective positive de Viator, revue par Mathurin Jousse. A la Flèche, 1635.

86. — Règle générale d'architecture, par Jean Bullant, Paris, 1564.

87. — Della architectura, par Ant. Rusconi. Venise, 1590.

88. — Livre d'architecture, par Roger Kaseman. Paris, Jean Messager, 1622.

89. — Œuvre de la diversité des termes, par Hugues Sambin. Lyon, J. Durant, 1572.

90. — Nouveaux pourtraitz et figures de termes, par Joseph Boillot. Langres, 1592.

91. — Les Fontaines, par de Francini. Paris, 1624.

OUVRAGES D'HISTOIRE ILLUSTRÉS.

92. — Entrée de Henri II à Paris, avec figures de Jean Cousin. Paris, Jean Dallier, 1549.

93. — Entrée de Philippe, prince d'Espagne, à Anvers. Anvers, P. Coeck d'Allost, 1550.

94. — Entrée de Henri II à Lyon. Lyon, G. Rouille, 1549.

95. — Même livre en italien.

96. — Entrée de Henri II et de Catherine de Médicis à Rouen. Rouen, Robert le Hoy, etc., 1551.

97. — Funérailles de Charles-Quint à Bruxelles. Anvers, Plantin, 1559.

98. — Histoires des guerres, massacres et troubles en France, par Tortorel et Périssin, de 1559 à 1570.

99. — Entrevue de Bayonne entre Philippe-II d'Espagne et Charles IX. Paris, Vascozan, 1566.

100. — Entrée de Charles IX à Paris. Paris, Olivier Codoré, 1572.

101. — Entrée de Henri III à Mantoue. Paris, Nic. Chesneau, 1576.

102. — Entrée de François, duc d'Anjou, à Anvers. Anvers, Plantin, 1582.

103. — Entrée de Henri IV à Rouen. Rouen, Raphaël du Petit-Val, 1596.

104. — Entrée de Henri IV à Avignon. Avignon, J. Bramereau, 1600.

105. — Voyage de Henri IV à Metz. Metz, 1610.

106. — Le Carrousel sur l'Arno à l'occasion du mariage du grand-duc de Toscane. Paris, vers 1610.

107. — Obsèques de la reine Marie de Médicis. Florence, 1643.

108. — Entrée du duc d'Espernon à Dijon. Dijon, 1656.

OUVRAGES ILLUSTRÉS EN TOUT GENRE.

109. — Voyage à Jérusalem, par Breydenbach. Lyon, 1488.

110. — L'Hypnérotomachie ou le Songe de Poliphile. Venise, Alde, 1499.

111. — Le Théâtre des bons engins, par Guillaume de la Perrière. Paris, Denys Janot, 1539.

112. — Hécatongraphie, par Gilles Corrozet. Paris, Denys Janot, 1541.

113. — Recueil de gravures. Lyon, Jean de Tournes, 1556.

114. — Ballet dansé aux noces du duc de Joyeuse, par Balthazar de Beaujoyeulx. Paris, 1582.

115. — Nouveau livre de cartouches, etc., dessinés et gravés par C. Mavelot. Paris, 1685.

M. Charles LOWENGARD.

1. — Grande feuille de missel, avec lettrine dorée et à couleurs. Détails au trait, etc. (commencement du xve siècle), parchemin.

2. — Feuille sur parchemin, avec six médaillons à personnages et à ornements. Art des enlumineurs français du commencement du xvi_e siècle.

3. — Manuscrit flamand (fragment du manuel de saint Augustin) avec lettrine et bordure, or et couleurs, représentant des oiseaux, des fleurs, des feuillages, etc. Fin du xve siècle; parchemin.

4. — Livre avec reliure munie de ses fermoirs, etc., aux armoiries de Frédéric, électeur de Saxe.

5. — Feuilles manuscrites d'un poème inédit, par de la Tour.

6. 7 et 8. — Feuilles d'armoiries en couleur. Ms. du xvie siècle.

M. Jules MACIET.

MINIATURES PROVENANT DE MANUSCRITS (ENCADRÉES.)

1. — Double feuillet d'un grand manuscrit du xiiie siècle, peint sur les deux côtés, représentant diverses scènes de l'histoire d'Absalon. H., 0^m,37. — L., 0^m,59.

2. — Lettre G. Le Seigneur prêchant ses disciples. France, xiiie siècle. H., 0^m,15. — L., 0^m,10.

3. — L'Annonciation. Espagne, xve siècle. H., 0^m,17. — L., 0^m,13.

4. — Lettre B. David chantant. Italie, commencement du xvii_e siècle. H., 0^m,125. — L., 0^m,13.

5. — Lettre O. Elle contient un seigneur agenouillé. Italie, xvie siècle. H., 0^m,055. — L., 0^m,053.

6. — Deux seigneurs se jurant fidélité. Flandres, première moitié du xvie siècle. H., 0^m,10. — L., 0^m,09.

M. Pierre MAHÉ.

MANUSCRITS.

1. — Horx Beatæ Mariæ-Virginis. Manuscrit du xve siècle orné

de 14 miniatures, dont 13 de grande dimension, in-8 mar. brun doublé de mar. rouge.

2. — Livre d'heures du XVe siècle. Splendide manuscrit orné de 12 grandes miniatures et dont presque toutes les pages sont entourées de magnifiques bordures.

IMPRESSIONS DIVERSES.

3. — Livre d'heures, gothique, du XVIe siècle, imprimé sur vélin, avec les petites fig. en miniature.

4. — Horæ Beatæ Virginis. In-16 imprimé en lettres rondes sur parchemin, et enrichi de 15 miniatures.

5. — Speculum humanæ vitæ. In-4 mar. vert.

6. — Sermones Bernardi. 1495. In-4 vert foncé.

7. — Le Roman de la Rose. 1503. In-4 mar. rouge.

8. — Le Roman de la Rose. 1531. In-4 mar. brun.

9. — Postillæ majores. 1515. In-4.

10. — Cronica cronicarum. 1521. In-folio.

11. — La Vie et Passion de sainte Margueritte. In-8. Gothique.

12. — Les faits et gestes de Molinet. 1531. In-4.

13. — Histoire des successeurs d'Alexandre le Grand. In-folio.

14. — L'Amour et les Belles. 1818, volume de très petit format, 21 millimètres sur 19.

RELIURES.

15. — Marguerite de Valois : Hippocratis, etc. 1587. In-16.

16. — Renée de France, duchesse de Ferrare : La Bibia. In-4, vert foncé.

17. — Diane de France : Lo Impreso illustré... In-4, mar. vert.

18. — Louis XIII : Richardi Sancti Victoris... In-4, mar. brun.

19. — Louis XIII : M. T. Ciceronis...

20. — Marie Leckzinska : Traité de l'Oraison. In-12, mar. rouge.

21. — Richelieu : Traité de la perfection du Chrestien. In-4, mar. rouge.

22. — De Thou : M. A. Mureti... In-12, vélin.

23. — ..... Christianæ preces. In-16, mar. brun.

24. — Duchesse d'Arguillon et Louis XIV : Bonaventure de Saint Bonaventure. Manuscrit in-4 mar. rouge.

25. — Duchesse de Bourbon-Penthièvre : Analyse de l'histoire sacrée. In-12 mar. vert.

26. — Madame Adélaïde : Le Théâtre d'honneur... In-4, mar. rouge.

27. — Madame du Barry : Histoire naturelle. In-12, mar. rouge.

28. — Comtesse d'Artois : ..... in-8 mar. rouge.

29. — Philippe Égalité : Quinzaine de Pâques. In-8 mar. rouge.

30. — Duval d'Espremenil : Le Réveil d'Épiménide. In-4 mar. vert.

31. — Christine de Suède : Propos d'Épictète. In-12, mar. rouge.

32. — Eug. de Savoie : Pelopée. In-8 mar. rouge.

33. — Bourbon d'Espagne : Desden con el Desden. In-8, mar. rouge.

34. — Bourbon d'Espagne : Vita della Beata Stephana. In-8.

35. — Reliure de Grolier : Cicéron. 1543, in-16, vélin brun.

36. — Reliure lyonnaise du xvi° siècle : Philostrati... In-18, brun.

37. — Reliure lyonnaise du xvi° siècle : Ciceronis... In-16 vert foncé.

38. — Reliure italienne du xvii° siècle : l'Adone. Mss, in-8.

M. Aristide MARRE.

ANCIENS IMPRIMÉS.

1. — Anelas Sylvius. Tractatulus ad Regem Bohemie Ladislaum.

> Petit traité sur l'éducation des princes, imprimé en Alllemagne, vers 1470.

2. — Tibullus, Catullus et Propertius, avec commentaires. Venise, 1493.

3. — Statius. Venise, 1498.

4. — Syllius Italicus. Paris, 1512.

> Bonne et rare édition, la première qui ait été imprimée en France.

5. — Virgile, avec gravures sur bois dans le texte. Venise, 1534.

MANUSCRITS ORIENTAUX.

6. — Manuscrit provenant de l'Inde anglaise, sur papier ; chaque feuillet mesure 628 millimètres de longueur sur 170 millimètres de largeur.

> Reliure orientale en cuir.

7. — Manuscrit persan, sur papier ; chaque page divisée en deux colonnes de 90 millimètres de hauteur, sur 20 millimètres de largeur. — Poëme de Hatifi, célèbre dans tout l'Orient sous le nom de Laïla et Madjnoum.

M. MASSON

1. — Figures pour les Métamorphoses d'Ovide. Exemplaire avant la lettre.

2. — Lesage. Le Diable boiteux.

3. — Les Amours de Daphnis et Chloé.

4. — La Fontaine. 1762.

5. — Essais de Montaigne. 1588.

6. — La Fontaine, contes et nouvelles. 1685.

7. — Les Principales aventures de Don Quichotte.

8. — Moreau. Seconde suite d'estampes.

MAZARINE (Bibliothèque).

MANUSCRITS.

1. — Bréviaire orné de peintures, exécuté au Mont-Cassin vers la fin du XIe siècle.

2. — La légende dorée, traduite en français. Volume in-folio sur parchemin, écrit du temps du roi Charles V.

> L'encadrement tricolore du frontispice et surtout les deux lions peints en grisaille au bas de la première page permettent de supposer que ce manuscrit est l'œuvre des copistes et des peintres qui travaillaient habituellement pour le roi Charles V.

3. — Livre d'heures

> Volume in-4°, manuscrit sur parchemin, exécuté au XVe siècle, orné de nombreuses et belles peintures de l'école française.

4. · Livre d'heures orné de peintures, dont plusieurs sont simplement esquissées ou préparées.

> Les armes peintes sur plusieurs pages de ce volume permettent de l'attribuer à Charles, duc de Guyenne, frère de Louis XI, mort en 1472.

MONUMENTS TYPOGRAPHIQUES.

5. — Biblia latina. Sans lieu ni date ; in-folio.

> Bible connue sous la dénomination de Bible de quarante-deux

lignes ou Bible mazarine. Ce livre doit être sorti, vers l'année 1455, des presses de Gutenberg et de Fust, à Mayence. L'exemplaire exposé est celui du cardinal Mazarin, d'après lequel l'origine et l'importance de cette impression ont été pour la première fois mises en lumière.

6. — Biblia latina. Mayence, Fust et Schoiffer. 1462 ; in-folio, sur vélin.

> Première édition datée de la Bible.

7. — Rhétorique de Guillaume Fichet. In-4.

> L'un des premiers livres exécutés par Ulric Gering, qui introduisit l'imprimerie à Paris, en 1470.

8. — Justin. Venise, Nicolas Jenson, 1470, in-4.

9. — Les Grandes heures de Vérard. In-4.

RELIURES.

10. — Opuscules grammaticaux imprimés à Paris en 1507 et 1508 par Gilles de Gourmont. In-4.

> Volume relié aux armes de Louis XII.

11. — Végèce. Paris, 1532, in-folio.

> Reliure aux armes de Henri II.

12. — Digeste. Florence, 1553, in-folio.

> Deux volumes reliés aux armes de Henri II.

13. — Les Méditations des zélateurs de piété. Paris, 1571, in-8°.

> Reliure dite à la fanfare, portant sur la tranche, qui est ciselée, la date 1574. Cette reliure faite pour Henri III, l'année même de son avènement au trône de France, mais sans doute avant cet avènement, porte au centre des plats les armes de ce prince (écartelé aux 1 et 4 de Pologne et aux 2 et 3 d'Anjou ancien.)

14. — Coryciana. Rome, 1524, in-4.

> Exemplaire relié pour Jean Grolier.

15. — Tertullianus. Venise, Aldo, 1515, in-8°.

> Exemplaire relié pour Jean Grolier.

16. — Le Psautier. Paris, 1586, in-4.

> Reliure en chagrin noir, aux emblèmes de la mort, exécutée pour la confrérie des pénitents.

17. — Cicéron, de la Nature des dieux ; traduit par Gui Lefèvre de la Boderie. Paris, 1581, in-4.

> Reliure dite à la fanfare.

18. — Les psaumes de David. Lyon, 1581, in-8°.

> Reliure en vélin blanc faite pour J. Aug. de Thou et portant son monogramme semé sur les plats et le dos du volume.

19. — Heures en français et en latin à l'usage de Rome. Lyon, G. Roville, 1549, in-8°.

> Reliure du xvie siècle à compart. de couleur.

20. — Breviarium romanum. Anvers, 1637, in-8°.

> Reliure faite pour Louis XIII, à compartiments en mosaïque dorés à petits fers au pointillé.

21. — Breviarium romanum. Paris, 1566, in-8°.

> Reliure faite pour Louis XIII, à compartiments dorés à petits fers.

22. — Œuvres de Cassien. Rome, 1588, in-8.

> Reliure aux armes de Kenelm Digby.

23. — Holbein. Les simulacres de la mort. 1538, in-8°.

> Reliure aux armes du cardinal Mazarin.

24. — Office de la Vierge, en vers. 1622, in-4.

> Reliure à petits fers.

25. — Olearicus. Relation du voyage de Moscovie. Paris, 1656, in-4.

> Reliure à petits fers.

26. — La Somme de saint Thomas. Cologne, 1640, in-12.

> Quatre volumes reliés en maroq. rouge, avec dorures à petits fers.

Damascène MORGAND.

1. — Oraison funèbre de la princesse Anne de Gonzague de Clèves, princesse Palatine. Prononcée par Henri-Jacques-Benigne Bossuet. *Paris, S. Mabre Cramoisy,* 1685, in-4, mar. noir, fil. et larmes argentées, tr. argentée.

> Édition originale. Exemplaire en grand papier, aux armes de Louis de Bourbon, prince de Condé.

2. — M. Tullii Ciceronis Tusculanarum Disputationum... *Cantabrigiæ,* 1723, in-8 réglé, mar. bleu, dos orné, fil., tr. dor.

> Exemplaire en grand papier, aux armes du comte d'Hoym.

3. — Historia naturale di C. Plinio secondo di latino in volgare

tradotta per Christophoro Landino. *Venetia, Gabriel Jolito,* 1543, in-4, mar. rouge, riches comp. et entrelacs, tr. dor.

> Exemplaire portant sur les plats l'emblème du médecin Demetrius Canevarius.

4. — Il libro del Cortegiano. *In Venitia, Aldo,* 1528, in-folio, mar. brun, riches comp., filets droits et courbes, tr. dor.

> Première édition. Exemplaire ayant appartenu à Grolier et portant sa devise : Portio mea, Domine, sit in terra viventium.

5. — Bellori. Le Antiche lucerne... *Roma,* 1691, in-fol., mar. rouge, dos orné, comp. de fil., tr. dor.

> Exemplaire aux armes de Colbert.

6. — Heyns. Le Miroir du Monde. *Anvers, Plantin,* 1579, in-4 oblong, réglé, fig. gravées sur cuivre, mar. brun, riches comp. d'entrelacs, mos. de mar. rouge, blanc et noir, doublé de mar. rouge, comp. en mos. de mar. noir, blanc et citron, feuillages et arabesques, tr. dor.

> Reliure du XVIᵉ siècle.

7. — Guicciardine. Description de tout le Pays-Bas. *Anvers,* 1567, in-folio, cartes, plans et fig. sur bois, veau brun, riche comp. et entrelacs dorés et en mosaïque, tr. dor.

> Reliure du XVIᵉ siècle.

8. — Euripidis tragœdiæ XIX (Græce). *Anvers,* 1571, in-16, vélin riches comp. couvrant entièrement les plats, tr. dor.

> Exemplaire aux armes de J. Aug. de Thou.

9. — Clément d'Alexandrie. Discours pour exhorter les payens à embrasser la religion chrétienne. Traduit par M. Cousin. *Paris,* 1684, in-12, mar. rouge, dos orné, fil., tr. dor.

> Exemplaire aux armes de Le Tellier.

10. — Le Maistre. Vie de S. Bernard. *Paris,* 1663, in-8, mar. rouge, tr. dor.

> Exemplaire aux armes de Paule-Françoise-Marguerite Gond de Retz, duchesse de Lesdiguières.

11. — Coutumes des duché, baillage et prévosté d'Orléans. *Orléans,* 1583, in-4, mar. rouge, comp. de feuillages, entrelacs et arabesques, tr. dor.

> Exemplaire imprimé sur vélin aux armes de la ville d'Orléans.

12. — Office de la Quinzaine de Pasques. *Paris,* 1739, in-8, mar. bleu, mos. de mar. citron, dorures couvrant les plats.

> Exemplaire aux armes de Françoise-Marie de Bourbon, dite Mlle de Blois, fille naturelle de Louis XIV et de Mme Montespan.

Mademoiselle MONTPELLIER.

1. — Livre de prières arabes, ayant appartenu à Abd-el-Kader.

M. Eugène PAILLET.

1. — Almançor, roy d'Arabie. Sa vie traduite en français. Paris, 1638, vélin blanc.

> Exemplaire de dédicace, aux armes de Louis XIII.

2. — Bembo. Le prose della volgar lingua. Venezie, 1525.

> Exemplaire de Canevarius, médecin du pape Urbain VIII.

3. — Freculphi episcopi Lexoviensis chronicorum libri duo. Coloniæ, 1539.

> Exemplaire de Maïoli.

4. — Régence (Pièces sur la), manuscrit du XVIIIe siècle, maroq. rouge, dos orné, trois filets.

> Reliure de Padeloup.

5. — Juvenalis et Persius, in ædibus hæredum Aldi, 1535.

> Exemplaire de Grolier.

6. — Il Pastor Fido. Nouvelle édition avec figures.

> Reliure en vélin blanc polychrome. Peinture sur les plats. Tranche dorée et paysage en couleur.

7. — Tacitus. Libri quinque noviter inventi. Romæ, 1515.

> Edition Princeps. Reliure du XVIe siècle.

8. — Palissot. Ses œuvres, imprimerie de Monsieur, 1788. Aux armes de Marie-Antoinette, reine de France.

9. — Alain Chartier. Les fais et œuvres.

> Première édition. Imprimé à Paris par Pierre Lecaron, 1489.

10. — Rondelet. Histoire des poissons. Lyon, Macé Bonhome, 1558. Aux armes de Charles d'Auvergne, duc d'Angoulême, bâtard du roi Charles IX et de Marie Touchet.

11. — Li Rommans de la Rose, manuscrit du **xive** siècle, remarquable par l'encadrement tricolore du frontispice.

> Reliure à mosaïques de Lortic.

12. — Paraphrase des psalmes de David. A Lyon chez Estienne Dolet, 1542.

> Exemplaire de Henri III, aux armes de France et de Pologne, dos semé de larmes, de fleurs de lys, avec la tête de mort et la devise : Spes mea Deus.

13. — Vertot. Histoire des révolutions de la République romaine. Paris, 1753, aux armes de la marquise de Pompadour.

14. — Les grandes Coustumes générales et particulières du royaume de France. Paris, Jehan de la Garde, 1517.

> Première édition. Reliure de Lortic, à compartiments.

15. — Fragmenta poëtarum veterum. H. Estienne, 1564.

> Reliure à entrelacs dorés du xvi⁰ siècle.

16. — Justiniani novelle constitutiones, Consuetudines feudorum et tres libri Codicis.

> Edition donnée à Mayence par Pierre Schoiffer, 1477. Imitation d'une reliure du xvi⁰ siècle, par Lortic.

17. — Processus Judiciarius. Imprimé par G. Zainer, à Augsbourg, 1471.

18. — Moreau. Les sainctes prières de l'âme chrestienne gravées après le naturel, Paris, 1649.

> Reliure de Le Gascon ; mar. rouge, dorure en plein à petits fers, doublé de mar. vert à compartiments, tranche ciselée et peinte.

M. Eug. PIOT.

1. — Première page et alphabet d'un Hérodote latin, imprimé en 1494.

2. — Figures coloriées, tirées d'un Prato spiritual du xv⁰ siècle.

3. — Marques d'imprimeurs vénitiens du xv⁰ siècle.

* — Figures coloriées tirées d'un Prato spiritual du xv⁰ siècle.

4. — Tête de chapitre d'un Tite-Live italien du xv⁰ siècle et figures du même ouvrage.

5. — Grands titres d'ouvrages de Baldus de Perouse et d'Alex. de Imola. xvi⁰ siècle.

6. — Deux autres titres d'ouvrages de jurisprudence.

7. — Titre de livre, cariatides d'hommes supportant un fronton, etc.

8. — Titre de livre, femmes devant un portique, etc.

9. — Six Portraits de littérateurs extraits de leurs ouvrages.

10 et 11. — Illustrations d'un Missel de Luc Ant. Junte.

12. — Deux pages des Épîtres de saint Jérôme imprimées en 1497.

13. — Vignettes de l'ouvrage précédent et portraits de femmes extraits du livre.

14. — Alphabet tiré d'un livre imprimé à Augsbourg en 1482.

15. — Deux frontispices extraits d'un ouvrage en allemand, 1515.

16. — Deux titres de livres par Hans Burgmair.

17. — Bois gravés en taille d'épargne pour servir d'illustrations au Dict des XII Sibilles.

18. — Cuivre gravé en taille d'épargne pour servir d'illustration au Décaméron de Boccace, imprimé à Paris.

19. — Bois gravé en taille d'épargne pour les livres d'Heures français.

20. — Planche de bois gravée en taille d'épargne des deux côtés (travail chinois).

M. Charles READ.

1. — Sermoni di sancto Bernardo. Venise, 1508, in-4.

2. — Les quatre-vingt-quinze thèses de Luther contre les Indulgences. Wittemberg, 1517, in-4.

3. — Chronologie de Luther. Wittemberg, 1541, in-4 (avec note autogr.)

4. — Propositions de Fr. Lambert d'Avignon. Coloniæ, 1526. n -8.

5. — Psautier huguenot. 1558, in-18.

6. — Psautier huguenot. Charenton-Paris, 1641, in-8.

7. — Nouveau-Testament. Charenton-Paris, 1669, in-12.

8. — Claudii Espencii, etc. Parisiis, 1562, in-8.

9. — Le Monde à l'empire, etc. (de Viret). Genève, 1580, in-8.

10. — Le Baston de la Foy (de Guy de Brès). Genève, 1562, in-16.

11. — Catechismus Joannis Brentii, in-18 carré.

12. — Discorso di Pietro martyre Vermiglii Fiorentino. Genovæ, 1567, in-18.

13. — Entremangeries et Guerres ministrales, etc. Paris, 1604, in-8.

14. — Deux Traitez, etc., par Jean Calvin, 1559, in-16.

15. — Nouveau Testament de Louvain, par F. Véron. Paris, 1646, in-18.

16. — Accomplissement des Prophéties, etc., par Pierre Du Moulin. Sedan-Paris, 1624.

17. — Satyre Ménippée. 1594, in-8.

18. — Texte primitif de la Satyre Ménippée. 1593, in-18. (Edition Jouaust).

19-20. — Le Livre des Marchands (Du grand et loyal Devoir, etc.), par Regnier de la Planche. 1565 (1re édit.).—Idem, 1567, (2e édit.).

21. — Alphabet de l'imperfection et malice des femmes. Lyon, 1665, in-18.

22. — Réponse du ministre Claude à Bossuet. Charenton, 1683, in-8.

23. — Considération sur l'estat de la France. Paris, 1614, in-8.

24. — Le Confiteor de Henry-le-Grand. 1610, in-8.

25. — Les Quand, notes utiles. Genève, Paris, 1760, in-8.

26. — Orus Apollo. Paris, 1543, in-8.

27. — Maistre Guillaume rendu soldat, etc. 1614, in-12.

28. — Discours et salutaire advis de la France mourante. 1621, in-8.

29. — Histoire des Réformés de la Rochelle, par Ab. Tessereau. Amsterdam, 1709, in-12.

30. — L'irrévocabilité de l'édit de Nantes, par Ancillon. Amsterdam, 1688, in-18.

31. — La Judith de Saluste du Bartas. Caen, 1585, in-8.

32. — Le triomphe du Saint-Sacrement sur le Démon. Laon, 1682, in-18.

33. — Plaintes des Églises réformées de France, par Du Plessis Mornay. 1597, in-18.

34. — Rencontre de Bayle et de Spinosa dans l'autre monde. Cologne, 1711, in-16.

35. — Le Dictionnaire des Halles. Bruxelles, 1696, in-18.

36. — Grimoire du pape Honorius. Rome, 1670, in-18.

37. — The French king's Docam. London, 1709, in-8.

38. — Almanach du Père Gérard pour 1792, par Collot d'Herbois. Paris, 1792, in-32.

39. — Le Cocu imaginaire, traduit en anglais, avec gravure d'Hogarth, non mentionné dans la *Bibliographie moliéresque*. London, 1732.

40. — Thesaurus Amicorum. Encadrements de De Tournes, 1603, in-8.

41. — Reliure à la marque ex-libris de Jacques Gillot, conseiller-clerc au Parlement de Paris, l'un des auteurs de la Satire Ménippée. Paris, 1561, in-4.

42. — Reliure in-4 parchemin gauffré, aux portraits de Luther et Mélanchton.

43. — Reliure maroquin rouge in-4, aux armes de Madame de Pompadour, avec la suscription : Marches et positions des armées.

44. — Louis XIV et le Père Lachaise, dessins à la plume d'A. Devéria sur les plats.

45. — Almanacks, 1687 et années suivantes. Reliure mar. rouge, aux armes du roi d'Angleterre Jacques II.

ROUQUETTE.

1. — Daphnis et Chloé. 1713.

2. — Maucroy et Lafontaine, œuvres. 1685.

3. — Hegesyri Seryto. 1559, reliure du xvie siècle.

4. — L'art du chant, par Bérard. 1755.

5. — Traité du chant, par Lacassagne. 1756.

6. — Bevy. Histoire des Inaugurations. 1776 (aux armes de Noailles).

7. — Psaumes de David. 1582.

8. — Celynte. 1651, aux armes de Mme de Verrue.

9. — Tant pis pour lui. 1764.

10. — Nouveau Testament. Mons, 1684.

11. — Catulle, Tibulle, Properce. Londini, 1715.

12. — Philippe des Portes. 1594.

13. — Kapini. Reliure de Derome, 1780.

14. — Théâtre de M. Bret. Paris, 1775.

15. — Maison du Roi. Manuscrit, 1779.

16. — Voyage de Tournefort. Aux armes ds Lonis xv.

17. — Ambassade des Empereurs du Japon.

18. — Histoire des quatre Cicérons. Reliure ancienne d'Anguenaud.

19. — Mallement. Le grand et fameux problème. 1686. Aux armes de Colbert.

20. — Spinoza, Réflexions curieuses. Reliure Padeloup.

21. — Marot, Œuvres. Ancienne reliure de Derome.

22. — Meursii elegantiæ. Relié par Derome.

23. — Chevalier sans reproche. 1633. Reliure du xviie siècle.

24. — Rouard. Recueil. 1555. Reliure du xvie siècle.

25. — Mirabeau. Système de la nature. Aux armes de Noailles.

26. — Vecellio. Corona delle nobili. Relié par Tibaron et Jolly.

27. — Daphnis et Chloé. 1718.

28. — Racine, Athalie. 1681.

29. — Racine, Esther. 1689. Aux armes du roi Stanislas de Pologne.

30. — Lactance 1798. Aux armes de Rohan-Soubise.

31. — Apologues orientaux. 1764.

32. — Berquin, Idylle. Aux armes de Marie-Antoinette.

33. — Valère Maxime. 1694. Velin.

34. — Recueil de trois pièces. Aux armes de J.-A. de Thou.

35. — Coyer (l'abbé) ; histoire de Jean Sobieski. 2 volumes, 1761.
Aux armes de la comtesse d'Artois.

36. — Grotius. 1754. Aux armes de France, 2 volumes.

Madame Patrice SALIN.

ÉCHANTILLONS DE PAPIERS
FABRIQUÉS A LA FIN DU XVIIe SIÈCLE.

1. — Bois de coudrier.

2. — Bois de fusain.

3. — Ecorce de chêne.

4. — Ecorce de fusain avec son épiderme en croûte.

5. — Ecorce d'orme.

6. — Ecorce d'osier.

7. — Ecorce de peuplier.

8. — Papier de guimauve.

— Papier de racine de chiendent.

10. — Papier de roseaux.

M. le baron Raymond SEILLIÈRE.

1. — Chansons et motets, composés pour Henri II et Diane de
Poitiers.

> In-4° obl. comp. à mosaïque, aux armes et aux chiffres de
> Henri II et de Diane de Poitiers. Manuscrit.

2. — The Fayts of armes and Chyvalrye, par Christine de Pisan.
Imprimé à Londres par Caxton, en 1489.

> In-folio goth. veau à comp. à froid.

3. — Guy de Warwick, chevalier d'Angleterre. Paris, 1525.

> In-folio goth. mar. rouge, dentelle à comp. doublé de moire
> verte.

4. — Cancionero general, par Garcia de Resende. Imprimé à Lis-
bonne en 1516.

> In-folio ais en bois couv. en mar. grenat.

5. — Epistre à Othéa, par Christine de Pisan. Manuscrit du xve siècle.

> Mar. rouge fil. tr. dor. Anc. rel.

6. — De l'institution de l'Eucharistie, par Philippe de Mornay. 1598.

> Gros vol. in-4° mar. rouge. Ex. avec annotations autog. de Philippe de Mornay et reliure à ses chiff. et monog.

7. — Andreæ Mathioli commentaria de materia medica, etc. Venise, 1554.

> In-folio, très curieuse reliure italienne en mosaïque.

8. — Œuvres de saint Justin. Magnifique reliure à comp. exécutée pour Louis de Sainte-Maure, marquis de Nelle.

9. — La Cosmographie universelle de Munster. Basle, 1556.

> Ex. du roi Henri II avec son effigie sur les plats.

10. — Hérodote de Henri Estienne, 1546.

> In-folio mar. rouge, magnifique reliure de Croy.

SOCIÉTÉ DE L'HISTOIRE
DU PROTESTANTISME FRANÇAIS

1. — Apologia Petri Sutoris.... adversus damnatam Lutheri hæresin.

> Volume in-8. Titre entouré d'une bordure gravée sur bois ; sur la dernière page, une caricature très rare, de Luther. — Cette réfutation a été écrite par Pierre Couturier, chartreux, docteur de Sorbonne, et publiée par Poncet le Preux, à Paris, en 1531 (privilège du 4 mai).

2. — Memorial do pecados.

> Volume espagnol petit in-8 en caractères gothiques et avec vignettes, de 1521. Impression de Séville.

3. — Institution de la religion chrestienne, par Jean Calvin. Genève, François Perrin, 1566, in-folio.

> C'est la plus belle édition de cet ouvrage. Exemplaire en reliure moderne et réglé.

4. — Ein erschreckliche Geschicht.... In-4, 1525.

> Titre encadré d'une bordure sur bois.

5. — Ayn entschuldigung aines Priesters....

> Traité allemand in-4 de 1523. — Titre encadré d'ornements et vignettes sur bois.

6. — Les vrais pourtraits des hommes illustres. Genève, 1581, in-4.

> Le *portrait de Calvin*, que renferme ce volume, est un des meilleurs.

7. — L'histoire de la vie et mort de feu M. Jean Calvin.

> Genève, François Perrin, 1565, in-8. Exemplaire rarissime de cette biographie de Calvin par Th. de Bèze. Reliure par Trautz-Bauzonnet.

8. — Eyn klag und bitt der deutschen nation, s. l. n. d., in-4.

> Complainte des protestants allemands du commencement du xviᵉ siècle. Une gravure sur bois au revers du titre représente l'armée du pape qui les persécute.

9. — Ein Sermon Doctor Martini Lutthers. In-4, 1523.

> Titre encadré d'ornements sur bois.

10. — Eyn Sermon von der Betrachtung des heyligen leydens Christi D. Mar. Luther. In-4, de 1519.

> Le Christ souffrant, gravure sur bois sur le titre.

11. — Von Er Lenhard Keiser... Mart. Luther. Wittemberg, 1528, in-4.

> Encadrement sur bois du titre.

12. — Abwaschung des Unflats.

> Livre de controverse allemand du temps de la Réforme, in-4 1525. Gravure sur bois au titre, représentant le Christ au prétoire.

13. — Vorwarnung An R. M. etc. in Frankreich. Getruckt zu Siegen, im 1573 Jar.

> Gravure sur bois, satyrique, au titre de ce pamphlet allemand qui félicite le roi de France, au nom du diable, d'avoir fait la Saint-Barthélemy.

14. — Ulrichi de Hutten equitis Germani Aula Dialogus. Paris, Regnault-Chaudière (vignette sur bois), 1519, in-4.

15. — Outis. Nemo. Pamphlet d'Ulrich de Hutten; s. l. n.d., in-4 (commencement du xviᵉ siècle).

> Frontispice gravé sur bois.

16. — Von den losen Fuchsen dieser Welt. In-4, 1585.

> Volume allemand à gravures satyriques sur bois.

17. — Eyn Antwurt Huldrychs Zuinglins... Zürich, Christoffel Froschover, 1526, in-4.

> Majuscule ornée et gravure sur bois sur le titre, représentant le Christ qui appelle à lui tous ceux qui sont fatigués et chargés.

18. — Psautier protestant français de 1648. In-32.

> Reliure en parchemin, fermoirs en argent. Se vendait à Charenton, où les protestants de Paris se rendaient alors au culte.

19. — Album en losange d'un étudiant protestant appelé Jérémie Le Comte, 1600.

> Renfermant des autographes du temps.

20. — Psautier protestant français de 1669. In-32.

> Reliure en veau à petits fers. (Se vendait à Charenton où les protestants de Paris devaient se rendre alors pour célébrer leur culte.)

21. — Les batailles et victoires du chevalier Céleste, par Artus Désiré. Petit in-8.

> Volume protestant français, à gravures sur bois de 1686, publié à Paris. Relié par Trautz-Bauzonnet.

22. — Tractato della humilita, par Jérôme Savonarole, s. l. n. d. In-4.

> Gravure sur bois, au titre, représentant le Christ tenant sa croix et versant son sang dans un calice. — Fin du xvᵉ siècle. — Florence.

23. — Tractato o vero sermone della oratione de Jérôme Savonarole, s. l. n. d. In-4.

> Gravure sur bois sur le titre représentant le Christ au Jardin des Oliviers. — Fin du xvᵉ siècle. — Florence.

24. — Operetta di frate Girolamo da Ferrara della oratione mentale.

> Gravure sur bois, représentant un moine en prière devant un autel surmonté d'un crucifix; in-4, sans lieu ni date. — Fin du xvᵉ siècle. — Florence.

25. — Tractato del sacramento... par Jérôme Savonarole, s. l. n. d. in-4.

> Gravure sur bois au titre représentant la messe. — Fin du xvᵉ siècle. — Florence.

26. — Libro della vita viduale par Jérôme Savonarole. S. l. n. d. In-4.

> Gravure sur bois au titre, représentant des moines et des nonnes (ou veuves ?) — Fin du xvᵉ siècle. — Florence.

27. — Natalis Comitis Mythologiæ. Volume in-8, de 1605.

> Relié aux armes de Du Plessis Mornay et donné par lui à Jean Bazin. — Signature autographe de Mornay au bas du titre.

28. — Der prophet Joel durch Doct. Mart. Luther. 1553, in-4.

Reliure allemande à fers et gaufrée, de la même date.

29. — Nouveau testament et psaumes, de l'imprimerie de François Jaquy pour Antoine Vincent, 1562, in-8.

Reliure en veau à fers et gaufrée, du temps, fatiguée.

30. — Scènes diverses représentant le sort des Vaudois et protestants réfugiés, dix-sept miniatures allemandes encadrées et qui étaient renfermées dans un écrin en métal repoussé.

TABLE

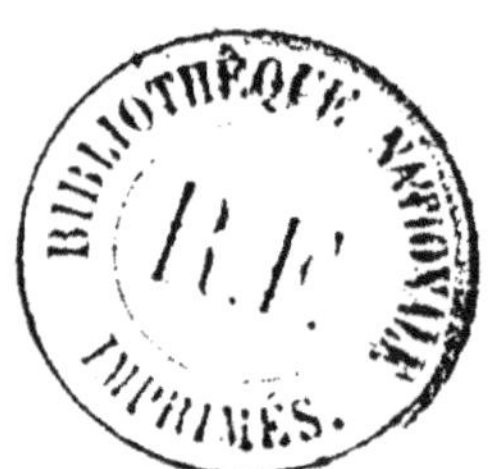

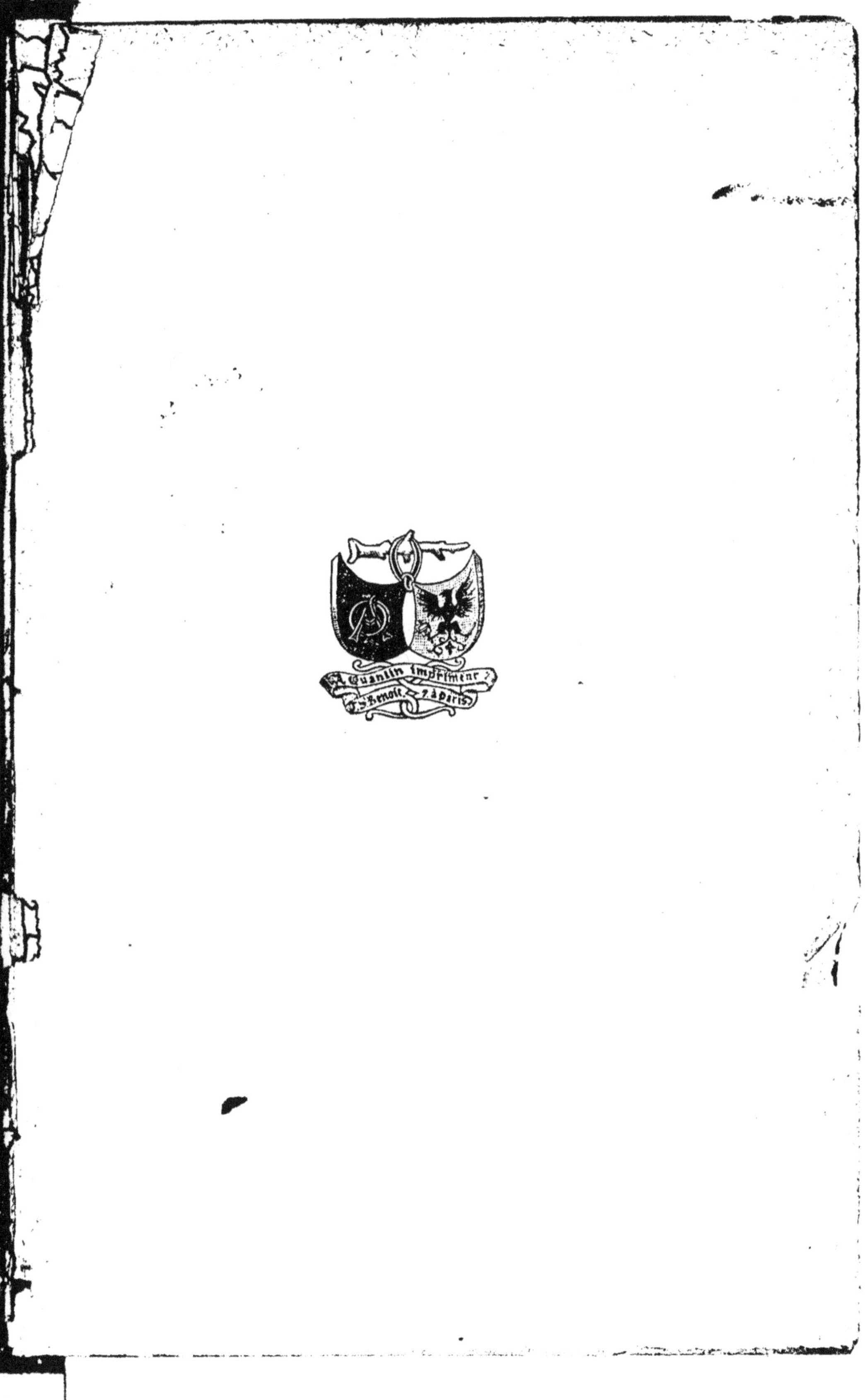
Quantin Imprimeur
7, S.t Benoit, 7 à Paris